KB146672

딱 이만큼의 경제학

먹 고 사 는 데 필 요 한

딱 이만큼의 경제학

강준형 지음

다온북스
DAON BOOKS

경제를 알고 싶다

누구나 한 번쯤 경제를 알고 싶다는 생각을 해봤을 것이다. 경제라는 건 먹고사는 이야기, 즉 우리 삶의 이야기인 만큼 여기에 관심을 갖는 건 지극히 당연하다고 볼 수 있다.

경제 말고도 우리가 알아야 할 것들은 많다. 대표적으로 정치나 법이 그렇고 역사, 철학도 물론이다. 그런데도 우리는 정치나 법에 있어서는 누군가가 해주는 일로만 생각한다. 역사나 철학은 어떤가? 지난 이야기, 그리고 가끔 읽어두면 좋은 교양 정도로 생각하지 않던가. 하지만 유독 경제만큼은 그렇지 않아 보인다. 실제로도 경제 관련 소식은 하루도 빠지지 않고 기사화되며 작은 변동에도 많은 사람이 민감해한다.

이러한 차이는 어디에서 오는 걸까? 비교적 경제가 쉬워서일까, 아니면 경제가 다른 것들에 비교해 중요해서일까. 그러한 측면도 있겠다. 하지만 사람들이 경제를 알고자 하는 주된 이유는 '경제를 알면 나에게 도움이 된다.'는 생각 때문이다.

경제를 안다는 것, 바로 여기에 이 책을 읽어야 할 첫 번째 이유가 담겨 있다.

경제를 알아야 하는 이유

정치나 법, 역사, 철학과 달리 경제는 경제만이 갖는 특징이 있다. 인간의 물질적인 측면을 연구한다는 것이다. 그렇다 보니 우리는 경제를 알고자 하는 이유 중 하나로 '부자'가 될 수 있다는 점을 꼽는다. 부자란 게 무엇인가, 가진 게 많으면 부자 아닌가.

경제를 알면 부자가 될 수 있을까?

이런 막연한 기대감과 설렘은 우리를 서점으로 이끈다. 경제에 대해 뭔가 알아야 부자가 될 수 있을 테니 말이다.

경제 서가에 꽂혀 있는 수많은 책을 들여다보고 있으면 눈에 띄는 키워드가 있다. 바로 '부동산', '주식', '금융', '투자', '재테크'다. 마치 이걸 알아야만 경제를 알 수 있는 건가 하는 생각이 들 정도로 이 책들의 비중은 굉장하다.

과연 이 책들은 경제를 설명하고 있을까? 물론이다. 다만 경제 일부분을 설명하고 있을 뿐이다. 미리 말한다면 경제의 목적은 우리 경제 전체의 성장, 그리고 모든 사람이 물질적으로 풍요로운 삶을 추구하는 데에 있다. 반면 이 책들은 어떠한가? 내용에 차이가 있겠지만 어디까지나 개인의 재산을 늘리는 데 목적을 두고 있다. 우리 경제 전체의 풍요로움과는 관계없는 지극히 한 개인의 부 축적 말이다.

만약 여러분이 경제를 알고자 하는 게 아니라 단순히 부자가 되는 게 목적이라면 이 책들을 선택하는 것이 옳다. 거기에는 여러분이 돈을 버는 방법에 대해 친절하면서도 자세히 쓰여 있기 때문이다. 하지만 경제를 알고자 하는 생각이라면 이 책들은 적합하지 않다. 오히려 경제 일부만을 바라보고 경제 전체를 해석하는 우를 범하기에 십상이다.

2017년 노벨경제학상을 받은 리처드 탈러Richard H. Thaler 교수의 『넛지』라는 책을 예로 들어보자. 누가 보더라도 경제에 관한 책이라고 할 것이다. 물론 맞는 말이다. 하지만 이 책은 경제 중에서도 '행동경제학'이라는 특정 영역을 담고 있다. 흥미로운 주제인 건 사실이다. 그런데 행동경제학에서 환율을 다루는가? 행동경제학에서 금리 결정의 중요성을 이야기하거나, 실업 문제를 연구하는가? 경제활동 주체인 인간의 '비합리성'을 주제로 한 책인 만큼 흥미롭겠지만, 이것만으로 경제 전반을 이해하기엔 한계가 있다.

경제를 주제로 한 책은 많다. 하지만 정작 경제의 근본 원리, 그 자체를 담고 있는 책을 찾긴 어렵다. 이런저런 책을 읽었음에도 정작 "경제란 무엇인가?"라는 질문에 쉽게 답하지 못하는 이유다.

경제는 선택이자 우리의 일상이다

그렇다면 실제 경제의 모습은 어떠할까? 이 질문에 대한 여러 답이 있겠지만 나는 '선택', 그리고 '우리의 일상'이라고 정의한다. 어떤 상품을 생산할 것인지, 얼마나 생산할 것인지, 어떻게 판매할 것인지 등 경제의 모든 주제가 선택의 문제에 해당하기 때문이다.

어떤 감독이 영화를 제작했다고 생각해보자. 이는 예술, 그리고 창작의 영역이다. 하지만 관객들이 어떤 영화를 볼 것인지 결정하는 선택은 경제의 영역이다. 유명한 셰프가 음식을 만드는 건 어떨까? 요리 과정 자체는 식품, 영양 등의 영역이겠지만 시장에서 음식 재료를 사는 것, 그리고 손님에게 음식을 판매하는 것은 경제의 영역에 속한다. 이뿐만이 아니다. 회사에서 일하는 건 경영이나 조직의 영역이지만 이러한 일을 통해 임금을 받는 건 경제의 영역이다.

이렇듯 경제는 우리의 일상 전반에 걸쳐있다. 그렇기에 우리가 경제를 처음 접하는 지금 단계에서 '경제란 무엇인지'에 대해 정확히 알아두는 게 중요하다.

이 책의 특징과 구성

이 책은 경제를 처음 접하는 여러분의 시각에 맞춰 구성했다.

1장에서는 경제활동의 주체인 개인의 선택이 어떻게 나타나는지부터 시작해 경제이론의 핵심인 수요·공급을 소개했다. 수요와 공급에 해당하는 소비자와 생산자에 대해서도 자세히 다뤘으니 이들의 선택이 어떻게 이뤄지는지 분명하게 알 수 있을 것이다. 여기까지는 우리가 흔히 말하는 개별거래임과 동시에 미시적인 영역에 해당한다.

이어지는 2장에서는 국가 경제에 대한 내용을 소개했다. 앞서 말했듯 경제의 목적은 경제성장에 있다. 경제성장이라는 큰 틀을 중심으로 경제의 주체인 가계와 기업, 정부가 어떤 역할을 하는지 생각해보길 바란다. 더불어 대표적인 경제변수인 금리, 실업, 환율, 물가란 무엇인지에 대해서도 자세히 설명했다. 이를 통해 경제 전체의 움직임을 한눈에 파악할 수 있을 것이다.

3장에서는 실제 경제의 모습을 살필 수 있다. 불황 속에서도 비싼 상품은 불티나게 팔리는 이유에서부터 중고차거래, 보험료 책정 등의 사례를 살펴보면서 우리 경제가 실제로도 합리적인지에 대해 생각해볼 수 있을 것이다. 이외에도 기업의 선택에 관련하여 가격차별과 게임이론을 소개했다. 올해 급격히 인상된 최저임금제, 그리고 국민건강을 이유로 두 배 가까이 인상된 담배 가격 사례를 통해 경제에서 바라보는 정부의 모습도 생각해보자. 마지막으로 핀테크와 가상화폐 등 최근의 변화도 다뤘으니 앞으로의 경제 모습을 그려보면서 읽어보길 바란다.

4장에서는 역사 속 경제라는 주제로 과거에 있었던 주요 경제사건을 복기했다. 대공황에서부터 뉴딜정책, 석유파동과 신자유주의, 금본위제에 이르는 경제의 변화와 흐름을 넣었다. 덧붙여 우리나라 경제의 분기점이라 할 수 있는 외환위기, 지금도 계속되고 있는 2008년 세계금융위기를 다뤘으니 앞으로의 경제는 어떤 방향으로 나아갈지 생각해보는 시간을 갖길 바란다.

끝으로 이 책이 나오기까지 힘써주신 다온북스 출판사에게 감사의 말을 드리며 여러분의 경제 입문에 작은 디딤돌이 되길 바란다.

차례

프롤로그   4

1장

먹고사는 데 필요한 최소한의 경제학

1 여전히 처음 배우는 것 같은 경제   17

2 당신에게 경제가 어려운 이유   23

3 왜 자본주의인가   32

4 가장 간단한 경제 원리   42

5 당신이 카드를 긁는 이유   55

6 생산의 목적은 이윤이다?   63

7 없는 것 빼고 다 파는 곳   75

8 두 마리 토끼를 잡을 수 있을까?   86

9 '보이지 않는 손'의 실패   100

• 지금 당장 필요한, 이만큼의 경제   110

2장

세상물정의 경제학

1 경제는 어떻게 나뉘는가   115

2 이제 우리는 살만한 걸까?   123

3 세상물정의 요소   132

4 소비자와 투자자   142

5 경제의 혈액   149

6 어제의 만 원, 오늘의 만 원   158

7 왜 실업률은 낮을까?   164

8 $1   169

9 장벽 없는 경제   178

10 양이냐, 질이냐   186

• 흐름의 경제학   196

3장

경제, 이만큼 가까이

1 과시적 소비 - 베블런효과 201

2 정보 비대칭 - 역선택 206

3 기대효용 - 보험 211

4 동기부여 - 인센티브 218

5 가격의 비밀 - 가격차별 223

6 게임 이론 - 겁쟁이 게임 230

7 담뱃값 인상 - 가격의 탄력성 236

8 노동시장 - 최저임금제 240

9 행동경제학 - 넛지 246

10 현금 없는 사회 - 핀테크와 가상화폐 253

• 일상의 경제학 258

4장
흐름으로 읽는 경제학

1 시장경제의 위기 – 대공황   263

2 경제정책의 전환 – 뉴딜   270

3 글로벌 공급충격 – 석유파동   276

4 경제적 방임주의 – 신자유주의   282

5 변화의 과정 – 국제통화제도   289

6 지나친 상승 – 초인플레이션   296

7 투명한 경제 – 금융실명제   303

8 경제의 분기점 – 1997 외환위기   309

9 일시적 폭발 – 버블   316

10 긴장 속의 경제 – 2008 세계금융위기   328

에필로그   336

1장

먹고사는 데 필요한
최소한의 경제학

여전히 처음 배우는 것 같은 경제

경제의 정석, 맨큐의 경제학

『수학의 정석』은 '수포자(수학을 포기한 사람)'도 알고 있을 만큼 유명한 책이다. 수학의 기초를 설명한 책인데, 이 책으로 수학을 시작해야 이해할 수 있을 것 같다고 착각할 정도로 유명하다.

경제에도 이러한 책이 있다. 바로 하버드대 경제학과 교수 맨큐Nicholas Gregory Mankiw가 쓴 『맨큐의 경제학』이다. 이 책에서는 경제를 '한 사회의 자원을 관리하는 일'로 보고 경제학은 '이를 연구하는 학문'이라고 설명한다.

경제라고 하면 금융, 투자, 금리와 같은 용어가 나올 줄 알았는데 막상 읽어보면 너무 학술적이다. 수학의 정석 같다는 말을 듣고 책을 펼치긴 했는데, 경제를 알기는커녕 첫 장에서부터 막히는 느낌이다. 경제를 이 책으로 공부한다면 좀처럼 쉽게 와 닿지는 않을 것이다.

혹시 경제에 대해 좀 더 알기 쉽게 설명한 내용은 없을까 하는 생각에 인터넷을 검색해보니, 경제를 가리켜 '인간의 생활에 필요한 재화나 용역을 생산·분배·소비하는 모든 활동'이라고 나온다. 아쉽지만 이 또한 무슨 말인지 잘 모르겠다 싶을 것이다.

다른 글도 찾아보니 여러 내용이 검색된다. 하지만 비슷한 말로 나올 뿐, 그리 와 닿는 설명은 찾기 힘들다. 결국 다시 돌아온 건 『맨큐의 경제학』이다. 어려운 건 여전하지만, 보편적인 경제학 책이니 가장 정확할 것이라는 믿음에서다.

경제는 어려울 것이라는 생각

우리는 흔히 "경제적이지 못한 습관이다.", "그 사람은 경제관념이 대단한 것 같다." 등의 말을 쓴다. 분명 경제가 무엇인지 알고 썼을 것이다. 그런데 정작 경제를 설명하는 글을 읽으면 어렵다고 느낀다. 알고 있는 내용임에도 말이다. 그 이유는 대체 어디에 있는 것일까?

경제는 어려우니까.

바로 경제는 어려울 것이라는 생각, 그 자체에 있다. 어차피 경제는 어려운 거니까 이해하지 못하는 게 당연하다는 생각이 앞선다. 그렇다 보니 경제를 처음 접하는 상황에서조차 경제가 갖는 의미에 대해 생각하기보다는 그저 누군가가 알려주는 내용을 받아들이기에 급급하다. 하지만 이래서는 결코 경제를 이해할 수 없다.

그럼 맨큐가 경제에 대해 정의한 내용을 다시 읽어보자. '한 사회의 자원을 관리하는 일' 어떤가. 읽자마자 "경제란 게 이런 거구나." 하고 단번에 이해할 수 있는가? 그렇다면 당신은 대학 학부 수준의 경제학원론을 지금 당장 학습해도 문제가 없다. 덧붙여 우리 경제에 나타나는 여러 현상도 쉽게 해석할 수 있을 것이다.

하지만 대부분은 수많은 정보를 읽고도 경제가 무엇인지 이해하기 어려워한다. 물론 이해한다. 경제는 어려운 것이 사실이니까. 그렇다고 위축될 필요는 없다. 오히려 경제를 어렵게 느끼는 걸 자연스럽다고 봐야 한다.

핵심은 경제를 어떻게 바라볼 것인가, 즉 접근방식의 차이에 있다. 이미 우리는 일상 속에서 경제라는 말을 수없이 쓸 만큼 경제에 익숙해져 있다. 이는 접근방식만 조금 바꾸더라도 경제에 대해 쉽게 이해할 수 있다는 뜻이다.

우선 경제학의 의미부터 살펴보도록 하자. 경제를 이해하는 건 그다음 순서다. 맨큐는 경제학을 가리켜 '한 사회가 희소자원을 어떻게 관리하는지 연구하는 학문'으로 보았다. 그리고 우리가 찾아본 인터넷 사전에서는 '재화나 용역, 자원의 분배 등에 있어 선택을 연구하는 학문'이라고 나와 있다.

먼저 인터넷에 나와 있는 말부터 살펴보자. 여기서 말하는 재화나 용역, 자원의 분배란 우리가 흔히 말하는 경제활동(생산, 소비 등)을 뜻한다. 맨큐가 말한 희소자원과 연결해볼 수 있는데, 여기에 대한 선택을 연구하는 학문이 경제학이다. 맨큐는 이를 관리라고 보았다. 종합해보면 경제란 무언가를 관리하고 선택한다는 뜻임을 알 수 있다. 여기에서는 무엇보다 '선택'을 이해하는 게 중요하다.

경제, 그리고 선택

살아가면서 우리는 수많은 선택의 순간들과 마주한다. 그중에는 "오늘 저녁에는 뭘 먹지?", "이번 주말에는 어떤 영화를 볼까?"와 같이 소소한 선택과 "어느 대학에 입학 원서를 써야 할까?", "결혼해야 할까? 말아야 할까?"와 같이 다소 중요한 선택도 있을 것이다.

이러한 선택들은 개인의 문제라고도 할 수 있다. 그렇기에 어떠한 선택을 했다면 개인이 그에 따른 결과를 받아들이는 선에서 끝날 수 있다.

하지만 선택의 문제는 여기에 그치지 않는다. 다음과 같은 문제는 어떠한가. "어느 지역에 예산을 더 책정해야 하는가?", "기업 규제를 강화할 것인가, 완화할 것인가?"

이때 우리는 어떤 선택을 해야 할까? 그리고 만약 그 선택에 구성원 모두가 동의하지 않았다면, 그럼에도 바람직하다고 할 수 있을까? 이처럼 단순히 개인의 선택이 아닌 사회 전체 관점에서의 선택이 필요한 경우도 분명하게 존재한다. 여기에서의 선택이 바로 경제의 주요 내용이기도 하다.

경제에서 말하는 선택이란 분명하다. 바로 합리적이고 효율적인 선택을 하라는 것이다. 흔히 우리가 경제라고 했을 때 생각할 수 있는 소비, 생산, 투자, 수출입 등 대부분의 경제활동도 결국 경제라는 영역에서 하나의 선택이다.

여기 다양한 경제 논의를 살펴보자.

'저축을 늘릴 것인가 투자를 늘릴 것인가'
'금리 인상의 적절한 시기는 지금인가 한 달 뒤인가'
'법인세를 높여 세수를 확보할 것인가 아니면 낮춰 투자를 높일 것인가'
'내수가 부진한데 수출 중심의 정책을 계속 이어나갈 것인가'
'부도 위기에 처한 기업에 자금을 조달할 것인가 말 것인가'

이러한 논의에서 중요한 기준은 바로 '경제적인 사고'다. 한정된 자원과 시간, 그리고 주어진 선택지 중에서 최선의 선택을 위해서는 경제적인 사고를 갖춰야 한다. 위 논의에서 알 수 있듯이 경제에서는 어느 하나가 옳고 어느 하나가 틀리지 않다. 다만 경제적인 사고로 보다 합리적인 선택을 해야 한다.

경제적인 사고에서는 무엇보다 '선택', 그리고 '합리적' 이 두 단어를 꼭 기억해둘 필요가 있다. 앞으로 경제에 관련된 많은 물음과 그 판단에 있어, "경제학적인 관점이라면 어땠을까?" 하고 생각해보길 바란다. 이 두 단어만 기억하더라도 경제를 보는 수준은 상당히 높아질 것이다.

당신에게 경제가
어려운 이유

경제의 첫인상

지금 당신은 경제 공부를 시작할 요량으로 서점에 들렀다. 경제와의 첫 만남이 이뤄지는 순간이다. 서가에 꽂힌 수많은 경제 관련 책들을 본다. 주식, 부동산, 경매, 재테크 등의 책이 눈에 들어온다. 이를 보고 있자니 경제는 '금융', 그리고 '돈'과 밀접한 분야라고 생각할 수밖에 없어진다.

재미있는 건 이러한 경제의 첫인상이 그 자체에 그치지 않는다는 점이다. 그래서인지 나를 포함해 경제를 공부했다는 사람들이 자주 받는 질문 중 하나가 주식투자나 부동산 전망이다. 경제를 공부했으니 당연히 여기에 대해 잘 알 테고, 그만큼 돈도 잘 벌지 않겠느냐 하는 생각에서다.

사실 경제를 가리켜 돈에 관련된 분야라고 하면 반은 맞고 반은 틀리다. 왜냐하면 경제는 돈을 떠나 우리의 일상 곳곳에 매우 밀접하게 닿아 있기 때문이다. 오히려 경제와 관련 없는 분야를 찾기가 어려울 정도이다. 그렇기에 경제를 돈에 관련된 분야라고 보는 건 경제에 대한 좁은 해석에 불과하다.

경제와 수학의 불편한(?) 동거

'경제'하면 떠올리는 것 중 하나가 바로 '수학'이다. 실제로도 경제기사라든지 경제를 다룬 책을 보면 그래프가 소개되는 것은 물론이거니와 물가상승률이라든지 주가 하락폭, 실업률 상승, 환율 변동 추이 등을 수치 위주로 설명하고 있다. 때로는 그래프 하나만 달랑 나와 있고 설명은 한두 줄에 그치는 경우도 찾아볼 수 있다.

실제로 어느 경제기사에서는 국산차와 수입차의 가격 상승을 소개하면서 국산차의 가격탄력성이 높기 때문에 수요가 크게 줄어들 것이라 전망했다. 여기서 말하는 가격탄력성이 무엇인지 우리는 잘 모르지만 수학에 관련된 내용이라는 것만은 알 수 있다. 그렇다 보니 국산차가 수입차보다 가격 인상에 취약하다는 결과만을 (마치 앵무새처럼) 외우곤 한다. 일단 기사는 읽었으니 뭔가 하나라도 내용을 정리해야 하는데, 수학은 어려우니 이를 뺀 나머지에 만족하는 것이다.

하지만 당신이 가격탄력성이라는 공식 속에 담겨있는 경제 원리를 알았더라면 어땠을까? 아마 단순히 결과를 외우는 데 그치지는 않았을 것이다. 오히려 국산차의 가격탄력성이 큰 원인은 무엇인지, 반대로 가격 인하 시 국산차의 증가 효과는 어떠할지 등 다양한 관점을 생각해보았을 것이다. 수학은 어렵다는 생각에 이 부분을 배제한 결과, 정작 중요한 경제 원리를 놓친 셈이다.

경제에서 수학을 사용하는 이유는 간단하다. 수학을 통해 더욱 정확하게 경제 원리를 분석할 수 있고 앞으로의 변화를 예측해낼 수 있기 때문이다. 하지만 이것만으로는 굳이 어려운 수학을 배워야겠다는 확실한 동기부여가 되지 못한다. 좀 더 근본적인 내용부터 알아야 한다. 우리가 경제를 해석할 때 수학적인 개념들이 소개되는 이유, 그 해답은 바로 '측정'에 있다.

경제를 해석한다는 것은 결국 우리의 경제가 얼마나 물질적으로 풍요로워졌는지 혹은 앞으로 풍요로워질 수 있는지에 대해 연구한다는 것과 같다. 그렇다 보니 그 풍요로움을 측정하는 문제에서 수학이 사용될 수밖에 없다. 만약 어제보다 오늘이 풍요롭다고 말한다면 그 기준은 무엇이겠는가? 이처럼 어떠한 방식에 따라 측정할 수 있는 기준이 필요하다.

대개 경제를 공부한다고 하면 수학 때문에 어려워하는데, 분명히 해두자. 경제에서 소개되는 수학은 경제를 해석하기 위한 하나의 수단일 뿐이다. 그 자체가 경제를 의미하지는 않는다. 어디까지나 경제는 경제이고 수학은 수학이다.

사회과학으로서의 경제

경제는 인간을 대상으로 한다. 그렇다 보니 측정에서도 제한적일 수밖에 없다. 만약 국가에서 물가와 실업의 관계를 살펴본다고 하자. 결과를 얻기 위해 고의로 물가를 올릴 수 있을까? 혹은 실업이 경제성장에 미치는 영향을 연구하기 위해 누군가를 해고할 수 있을까? 이렇듯 경제에서의 측정은 기존의 여러 현상을 분석하고 종합하여 예측하는 방식일 수밖에 없다.

경제학은 인간을 대상으로 한다는 사회적인 측면, 활동을 측정한다는 과학적인 측면이 있어 '사회과학'의 한 분야로 구분한다. 경제에서 수학이 소개되는 건 이러한 사회과학 연구의 과학적 측면이 반영된 결과다. 반면 경제에 불확실성이 존재하는 건 사회적인 측면 때문이다. 100% 예측할 수 없지만 적어도 90%는 예측할 수 있는 게 경제라고 하면 이해하기 쉬울지 모르겠다.

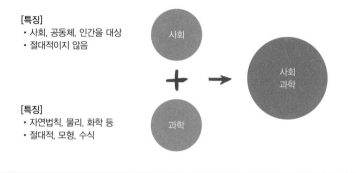

경제학은 사회+과학적 특징을 갖고 있다

경제학, 경제를 배운다는 것

법을 생각해보자. 우리는 법에 대해 잘 모른다. 하지만 죄를 지어서는 안 된다는 것만큼은 분명하게 알고 있다. 반대로 수학을 생각해보자. 수많은 수식과 그래프가 있지만 사칙연산만으로도 일상에 별문제가 없다.

그렇다면 경제는 어떨까? 경제도 마찬가지다. 오늘의 원·달러 환율이 얼마인지 주식시장이 어떻게 마감됐는지 이런 내용은 우리 일상에 반드시 필요한 정보는 아니다. 중요하다고 하지만 몰라도 살아가는 데 큰 문제가 생기지 않는다.

그런데 어느 날 문득 (어떤 이유에서건 간에) 굳이 몰라도 되는 것에 대해 흥미를 갖게 됐다고 생각해보자. 만약 법을 배우고자 했을 때 가장 중요한 것은 법이 어떠한 내용을 담고 있는가이겠고 수학을 배우고자 한다면 식의 정확성, 그리고 증명과정에 주목 할 것이다. 이처럼 분야마다 중점적으로 봐야 할 특정한 부분이 있다.

그렇다면 경제를 배우고자 할 때는 어디에 주목해야 할까? 바로 체계적인 이해에 있다. 서울대학교에서 경제학을 가르치는 이준구 교수는 그 중요성에 대해 다음과 같이 이야기하고 있다.

(중략) … 전공으로서 경제학은 상당히 어려운 편에 속합니다. 농담 삼아 하는 얘기지만, 경제학은 '최대한의 투입으로 최소한의 산출'을 얻을 수 있는 학문이라고 생각합니다. 노력만 많이 들고 알게 되는 것은 적은 학문이라는 뜻이지요. 경제학이란 이름에 끌려 전공으로 선택했는데 막상 공부해 보니 어렵게 느껴져 좌절하는 사람이 한둘이 아닙니다.

그렇다면 경제학을 공부하는 데 가장 중요한 요령은 무엇일까요? 한마디로 말해 그것은 체계적인 이해입니다. 경제학에서 단편적인 지식의 암기는 별 도움이 되지 않습니다. 경제이론 전체를 하나의 체계로 이해할 수 있어야만 경제학을 제대로 알 수 있다는 말입니다. … (중략)

이준구 교수 - '고민하고 방황하는 경제학부생에게'

만약 당신이 경제가 아닌 주식투자를 목적으로 공부한다면 주식에 관련된 책을 보면 되고, 재테크를 목적으로 둔다면 금융 상품을 소개한 책을 보면 된다. 하지만 경제 그 자체를 배우고 이해하고 싶은 게 목적이라면 이러한 책들은 적절하지 않다. 주식, 재테크와 같이 경제 일부가 아니라 경제 전체를 체계적으로 이해할 수 있는 책을 읽어야 한다.

경제의 본모습을 잊지 말자

알프레드 마샬Alfred Marshall이라는 경제학자가 있다. 수요와 공급, 가격과 효용 등 경제에서 다루는 주요 개념들을 정립한 인물인데, 흥미로운 점은 평소 그가 경제학에 대해 갖는 소신이었다.

경제학은 인간에 대한 학문이어야 한다.

그는 경제이론을 설명하면서도 수학적인 증명을 거의 사용하지 않았다. 수학을 꺼리는 우리에겐 반가운 소식이지만, 정작 그가 수학을 사용하지 않은 이유는 조금 특별했다. "누구나 쉽게 경제를 알아야 한다."는 생각에서였다.

마샬은 케임브리지 대학의 교수 신분으로 사회의 주류층이었다. 그럼에도 그의 연구실 문 앞에는 다소 의외의 문장이 쓰여 있었는데, 바로 "런던의 빈민가를 가보지 않은 이는 내 연구실

문을 두드리지 말라."는 내용이었다.

그는 현실 경제를 냉철하게 파악하고 분석하는 게 경제학의 책무임을 중시했고 이와 동시에 그늘진 곳에서 어렵게 살아가는 이들에 대한 따뜻한 연민과 배려의 마음도 잊지 말아야 함을 강조했다. 이는 우리가 경제에서 말하는 합리적인 선택을 하더라도 언제나 그 중심에는 인간이 있어야 한다는 뜻이기도 하다.

경제를 공부하다 보면 수치와 그래프 중심으로 해석해 자신도 모르는 사이에 실제 경제와는 저만치 멀어지기도 한다. 하지만 경제의 중심은 어디까지나 우리임을 잊지 말아야 한다.

마지막으로 마샬이 했던 말을 소개한다. 경제학을 전공한 이들 사이에서는 최고의 명언으로 알려져 있다.

Cool Head & Warm Heart

경제를 연구하는 사람이라면 현실 경제를 냉철히 분석할 수 있는 '차가운 머리'와 인간에 대한 연민을 뜻하는 '따뜻한 마음'을 동시에 지녀야 한다.

경제에 대한 첫인상, 당신은 어땠는가? 혹시 당신도 경제를 배우면 돈을 벌 것이라는 생각을 하지는 않았는지, 그리고 경제는 어려운 내용이라고 생각하여 망설이고 있지는 않았는지 돌

이켜보자. 이제는 첫인상에서 벗어나자. 경제의 본모습을 생각
할 때이다.

왜 자본주의인가

민주주의 정치, 자본주의 경제

지난 2017년 10월, 당시 뜨거운 감자였던 '신고리원전 5·6호기' 건설에 대한 공론화가 진행됐다. 그 결과는 공사 재개였다. 무엇보다 이 과정에 있어 시민참여단의 활동, 덧붙여 '숙의민주주의'라는 말이 화제에 올랐다.

단순히 원전 재개라는 측면에서 봤을 때 이번 사안은 경제의 영역으로 볼 수 있다. 하지만 '공론화'라는 측면에 주목한다면 어떨까? 오히려 정치에 가깝다고 봐야 한다.

우리에게 경제만큼이나 중요한 문제가 바로 정치다. 앞서 경제란 무엇인지에 대해서 여러 내용을 살펴보았는데, 그럼 정치란 무엇일까? 이 물음에 답해봄으로써 우리는 정치와 경제의 차이, 그리고 경제만이 갖는 특징, 마지막으로 지금의 경제체제인 자본주의에 대해 분명하게 알 수 있을 것이다.

미국의 저명한 정치학자였던 데이비드 이스턴David Easton은 정치를 가리켜 '가치의 권위적인 배분 과정'이라고 정의했다. 아마 처음 들어본 말일지 모르겠다. 그동안 우리는 민주주의라는 말만 들어왔지, 정치라는 용어 그 자체에 대해 논의한 적은 별로 없기 때문이다.

그렇다면 민주주의란 무엇일까? 물론 쉽게 답할만한 질문은 아니다. 여기서도 누군가의 해석을 빌려보도록 하자. 영국의 정치가이자 전시 총리를 지낸 윈스턴 처칠Winston Churchill은 민주주의에 대해 "민주주의는 최악의 정치체제이다. 하지만 우리가 아는 제도 중에서는 최선의 것이다."라고 평했다.

우리나라는 민주주의 정치체제를 유지하고 있다. 얼핏 보면 정치 그 자체가 민주주의인 것처럼 보일 수 있는데, 그렇다고 정치에 있어서 꼭 민주주의만 존재하는 것은 아니다. 다른 정치체제도 분명 존재한다. 북한을 떠올려보자. 우리와는 다른 정치체제를 갖고 있다. 우리는 정치라는 영역의 여러 체제 중 민주주의를 선택한 것뿐이다.

이는 경제에서도 마찬가지다. '사회주의', '공산주의' 같은 용어를 들어본 적이 있을 것이다. 우리는 경제라는 영역의 여러 체제 중 자본주의를 선택한 것 뿐이다.

그렇다면 우리는 왜 정치로는 민주주의를, 경제로는 자본주의를 선택했을까?

처칠이 민주주의에 대해 최악의 정치체제라고 말했듯이 민주주의라고 해서 좋은 점만 있는 건 아니다. 다수의 횡포라든지 대의제의 한계라는 단점이 있다. 자본주의 또한 장단점이 있다. 이를 알면서도 우리는 대다수 국가와 마찬가지로 자본주의를 경제체제로 선택하여 운영해오고 있다. 선택에는 그만한 이유가 있는 법. 바로 자본주의만이 갖는 '경쟁의 원리' 덕분이다.

자본주의, 그리고 경쟁의 원리

어느 기업이 지방에 제2공장을 신설하고자 한다. 후보지는 A, B 두 곳이다. 우선 정치, 민주주의에 따라 살펴보자. 민주주의에서는 '1인 1표'의 원리를 따른다. 사장이건 노동자이건 관계없이 누구나 1표를 행사할 수 있다. 그렇기에 민주주의를 통한 선택이 이뤄지려면 가장 많은 표를 받는 다수결의 원칙이 필수다. 만약 기업 직원 모두를 대상으로 투표한 결과 A 후보지가 더 많은 표를 받았다면 A로 결정하면 되는 것이다.

반면 경제, 자본주의에서는 사람이 아닌 돈으로 권리를 행사

한다. 가장 많은 돈, 또는 재산을 가진 자가 선택권을 가질 수 있다. 굳이 따진다면 1인 1표가 아니라 '1원 1표'인 셈이다. 만약 A 지역보다 B 지역이 해당 기업의 경영활동에 보다 좋은 조건을 제시하고 여러 재정적 지원을 약속했다면, 기업 입장에서는 B를 선택하면 된다. 반대로 A 지역이 더 좋은 조건을 제시한다면 A를 선택하는 것이다. 이처럼 자본주의 경제에서는 경쟁의 원리가 중요하게 작용한다.

경쟁의 원리와 더불어 자본주의만이 갖는 또 다른 특징이 있다. 경쟁이 이뤄지기 위한 전제조건이기도 한데 바로 사유재산의 보장과 자유로운 경제활동을 인정하는 것이다.

대한민국헌법 제119조 – 경제 질서의 기본과 경제 규제 및 조정

① 대한민국의 경제 질서는 개인과 기업의 경제상의 자유와 창의를 존중함을 기본으로 한다.
② 국가는 균형 있는 국민경제의 성장 및 안정과 적정한 소득의 분배를 유지하고, 시장의 지배와 경제력의 남용을 방지하며, 경제주체 간의 조화를 통한 경제의 민주화를 위하여 경제에 관한 규제와 조정을 할 수 있다.

대한민국헌법 제119조에서 말하는 경제를 한 번 정도는 읽어둘 필요가 있다. 헌법에서 말하는 경제 질서의 기본은 '자유로

운 경제'에 있다. 경제에서의 자유란 누구나 노력해서 돈을 벌고 재산을 가질 수 있으며, 그 사유 재산을 통해 잘살 수 있는 기회를 인정한다. 바로 이 부분이 공산주의 혹은 사회주의와의 차이다.

열심히 노력하는 행위, 경쟁의 원리 속에서 경제는 성장한다. 끊임없는 경쟁을 통해 새로운 기술을 창출한다거나 기존의 생산과정을 개선해 비용을 낮추고 자원을 보다 효율적으로 사용할 수 있다. 물론 경쟁의 원리에는 여러 단점도 있긴 하나, 이를 통해 우리 경제가 여기까지 성장해왔다는 점을 생각해본다면 그 중요성을 간과할 수는 없을 것이다.

자유로운 경제의 시작

과거 영국의 철학자였던 토마스 홉스Thomas Hobbes는 그의 저서 『리바이어던』을 통해 자연 상태에서의 개인이 그 주권을 어떻게 국가에 양도하는지에 대해 이야기했다. 국가라는 존재를 하나의 사회계약의 산물로 파악한 것이다. 그는 사회를 '만인에 대한 만인의 투쟁'으로 보았으며, 그렇기에 이를 관리할 대리인으로 국가의 필요성을 주장했다. 이 사상은 훗날 근대국가의 형성에 지대한 영향을 미치게 된다.

하지만 여기에 대해 다르게 생각한 이가 있었다. 조금은 볼품

없는 외모, 때로는 별난 행동을 보였던 그는 자신의 책에서 "경제에 있어서만큼은 오히려 국가가 간섭하지 않는 것이 모두에게 이득이 되고, 또 그 속에서 질서를 찾을 수 있다."라고 주장했다. 그가 바로 '경제학의 아버지'라 평가받는 애덤 스미스Adam Smith이다. 그는 자신의 저서인 국부론에서 자유로운 거래가 어떤 결과를 가져오는지에 대해 논했다.

> "우리가 매일 따뜻한 식사를 준비할 수 있는 것은 푸줏간과 양조장, 빵집 주인의 자비심 때문이 아니다. 그들 자신의 이익을 위한 그들의 행동 때문이다. 우리는 그들의 자비심이 아닌 그들의 이기심에 호소하며, 그들에게 우리 자신의 필요를 말하기보다 그들의 이익에 대해 말한다."
>
> – 애덤 스미스, 『국부론』

무엇보다 경제라는 개념 자체가 생소하던 당시 애덤 스미스의 주장은 '보이지 않는 손'이라는 질서 속에서 지금의 시장경제로 발전하는 토대가 된다.

자본주의란 무엇인가?

자유로운 경제, 그리고 '시장'이라는 개념 그 자체는 그리 어렵지 않다. 자유롭게 만나 거래하는 그 장소가 시장이기 때문이다. 다만 많은 사람이 어렵게 생각하는 것은 바로 '자본주의'다.

"자본주의란 무엇인가?"라는 질문에 대한 의견은 분분하다. 자본주의에 대해 딱 잘라 말하기란 쉽지 않기 때문이다. 생산과정 측면에 주목하여 '생산수단을 소유한 자본가가 노동자를 고용하여 생산하는 방식체제'라고 보는 이도 있고, 자본주의와 화폐경제의 구조적 모순에 주목해 '신용경제'라고 보는 이도 있다.

Pyramid of Capitalist System(1911)
초기 자본주의의 모습을 단적으로 보여주는 작품이다. 가장 아래에 있는 노동자들이 귀족, 성직자, 군인, 중산계급 모두를 먹여 살리는 것으로 묘사하고 있다. 그 정점에는 자본주의가 있다

자본주의를 간단히 정의해보면 이렇다.

사유재산을 인정하는 체제에서 자본가와 노동자가 분리되어 있고 자본가가 노동자를 통해 상품을 생산하는 일련의 양식

이러한 자본주의는 산업혁명으로 인한 대량생산, 노동자의 유입으로 더욱 가속화됐다.

초기 자본주의의 모습은 냉혹하기 그지없었다. 노동자는 하루 16시간 이상의 고된 노역을 하고도 적은 임금을 받았으며 열악한 근로 환경도 견뎌내야 했다. 어린아이라고 해서 예외일 수 없었다. 10살도 채 되지 않은 아이들은 학교가 아닌 공장으로 향했다.

과거에나 지금이나 기업가는 이윤을 추구하기 마련이다. 하지만 당시의 과도한 이윤 추구는 사회 문제로 대두됐으며 이는 자본주의에 대항하는 새로운 사상인 '사회주의'의 출현으로 이어졌다. 종국에는 세계 경제를 양분한 거대한 두 체제 속에서 우리는 냉전 시대를 맞이한 바 있다. 시간이 지나며 사회주의는 점차 쇠퇴하였지만 자본주의는 조금씩 성장해 지금에 이르렀다.

물론 자본주의라고 해서 성장의 길만 걸었던 것은 아니다. 대공황이라는 큰 위기를 겪기도 했으며 복지병과 같은 비효율성

의 문제가 나타났다. 또한 양극화는 여전히 계속되는 문제이기
도 하다.

최근의 자본주의는 효율성뿐만 아니라 형평성을 동시에 추구
하는 모습을 보인다. 지금의 경제를 단순히 자본주의라고 하지
않고 '혼합경제', 또는 '수정자본주의'라고 부르는 것도 이와 같
은 이유에서다.

시장은 최선인가?

시장경제의 반대로 '계획경제'가 있다. 계획경제란 글자 그대로
정부가 나서 필요한 상품을 그만큼 생산하는 체제이다. 얼핏 보
면 이상적일 수 있지만 실제로는 그렇지 못했다. 더욱이 일부
계획경제를 표방했던 나라들조차 독재와 같은 정치적 문제가
겹쳐지면서 결국 역사의 뒤안길로 사라졌다.

경제체제의 요약

그렇다고 시장경제가 모든 면에서 계획경제보다 낫다고 단정 짓기도 어렵다. 소득 격차나 공공재 고갈, 독점 발생 등의 문제도 존재하기 때문이다. 그렇다 보니 지금의 경제는 "시장 중심(자유로운 경제)으로 하되 필요할 때에는 정부가 일부 개입(계획)하여 조정하겠다."라는 의미로 해석해볼 수 있다. 이때 정부는 어디까지 개입해야 하는가에 대한 문제가 생기는데, 바로 이 지점부터 우리의 실제 경제가 시작된다.

어떤 사업은 정부의 규제가 필요할 때라는 소식이 들리는 반면 또 어떤 사업은 규제를 '덫'이라고 말한다. 때로는 정부의 개입으로 기업 활동이 어렵다고도 한다. 경제에 있어 정부의 개입이 필요한 건 사실이다. 하지만 어디까지나 경제 전반에 비춰 필요하다고 판단되는 영역에 한정해야 할 것이다.

가장 간단한 경제 원리

수요와 공급의 관계

점심시간이다. 당신은 식당에 들러 어떤 것을 먹을지 고민하다 하나를 고른다. 밥을 먹고 결제를 한 뒤 식당 밖을 나선다. 누구에게나 있을 법한, 흔히 볼 수 있는 익숙한 풍경이다. 이 과정에서 우리는 경제의 기본원리를 알 수 있다. 바로 '수요와 공급'이다.

- 수요(Demand): 소비자가 재화 혹은 서비스를 구매하고자 하는 욕구
- 공급(Supply): 생산자가 재화 혹은 서비스를 공급하고자 하는 의도

수요와 공급을 조금 더 알기 쉬운 말로 바꿔 소비자와 판매자
로 생각해보자. 당신은 소비자가 되고 식당 주인은 판매자가 된
다. 그리고 음식은 상품이 될 것이다. 이 세 가지를 모두 갖췄을
때 비로소 거래가 이뤄진다.

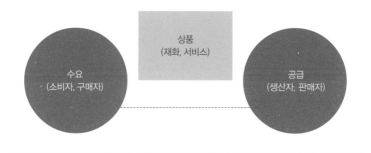

수요와 공급, 그리고 상품을 나타내고 있다. 경제에서는 '거래의 3요소'라고 한다

이제 둘의 관계를 생각해보자. 위 이야기에서 보듯이 만약 당
신이 식당에 들르지 않았다면 거래 자체가 이루어지지 않았을
것이다. 그렇기에 수요와 공급의 관계에서는 수요가 더 중요하
다고 볼 수 있다. 하지만 반대로 판매자가 음식을 제공하지 않았
다면 어땠을까? 소비자는 이 식당을 이용하고 싶어도 그렇지 못
했을 것이다. 이렇게 보면 공급이 좀 더 중요하다고 볼 수 있다.
실제 경제에서도 수요가 더 중요한지, 아니면 공급이 더 중요
한지를 두고 다양한 논쟁이 있었다. 그것도 저명한 경제학자

들 사이에서 말이다. 그만큼 수요와 공급의 관계(수요와 공급 중 어느 것이 실제 거래로 연결되는지)를 밝혀내는 건 경제의 중요한 과제였다.

공급이 더 중요하다!

과거 경제에서는 상품의 구매보다 생산에 주목했다. 그래서 수요가 아닌 공급 중심 이론이 연구됐는데, 대표적으로 '세이의 법칙'을 들 수 있다. 세이J.B.Say라는 경제학자가 주장한 이론으로 다음과 같이 요약할 수 있다.

공급은 그 스스로의 수요를 창출한다.

물론 개별 거래만 놓고 보면 생산된 상품이 판매되지 않는 경우도 있다. 하지만 경제 전체적으로 봤을 때 공급이 이뤄진다는 것은 그만큼의 수요가 자연적으로 생겨남을 의미한다. 생산된 것은 언젠가는 소비된다고 생각했기 때문이다.

세이의 관점을 이해하려면 당대 상황을 고려해야 한다. 그는 18세기 프랑스에서 태어났다. 상품이 부족했으면 부족했지, 넘쳐나는 시대는 분명 아니었다. 그런 의미에서 볼 때 생산된 것이 언젠가는 소비될 것으로 해석한 세이의 법칙은 공급이 풍부하지 못했던 상황을 고려한 이론이었다.

'법칙'이라는 말을 딱딱하게 느낄 수 있는데, 쉽게 생각하자. 경제는 자연과학이 아니다. 인간을 대상으로 하는 사회과학이다. 경제에서 말하는 법칙을 자연과학의 법칙과 같다고 생각해서는 안 된다. 절대적인 진리라기보다는 일반적으로 나타나는 현상으로 보길 바란다.

아니다, 수요가 더 중요하다!

공급 중심의 관점은 20세기 초반 한 사건에 부딪히면서 큰 변화를 겪게 된다. 바로 미국의 '대공황'이다. 주가가 대폭락하고 거리에는 실업자가 넘쳐났다. 생산된 상품이 팔리지 않는 현상이 나타났다.

당시만 하더라도 지금과 달리 공산주의와 자본주의의 대립이 심했던 터라 시장에 정부가 개입한다는 건 매우 조심스러울 수밖에 없었다. 경제학자들 또한 시장의 힘(수요와 공급의 원리)을 통해 경제가 회복될 거라고 보았다. 상품이 판매되지 않으면 가격이 낮아지고, 그러면 자연스레 균형에 도달한다는 믿음에서였다.

하지만 대공황이 나아질 기미를 보이지 않자 기존 경제이론에 대한 의구심이 제기됐다. 당시 사람들에게 있어 시장의 자율적인 조정능력을 믿으라는 것은 그저 기다리고 견뎌내라는 말로밖에 들리지 않았다.

그때 한 경제학자가 등장하면서 공황을 타개해나갈 방법을 제시하는데 그가 바로 현대 거시경제학의 창시자라 평가받는 존 메이너드 케인즈J.M.Keynes이다. 그는 '유효수요'라는 획기적인 개념을 제시했다. 공급이 있더라도 실제 유효한 수요가 없으면 거래가 이뤄지지 않기 때문에 "맨 땅을 파서라도 일을 하고 이를 통해 구매력을 갖춘 수요를 창출해야 한다."라고 주장했다.

존 메이너드 케인즈
John Maynard Keynes

케인즈는 1936년 집필한 『고용·이자 및 화폐의 일반이론』을 통해 주목받았다. 주목할 점은 여기에서 '일반'이 영어의 'general'을 번역했다는 점이다. 경제의 심각한 위기 속에 기존의 경제이론과는 달리 자신의 책에 담긴 이론을 일반적이라고 했으니, 그럼 기존의 경제이론들은 일반적이지 않다는 걸까? 그의 자신감을 엿볼 수 있는 대목이다. 실제 그는 주식투자로 큰돈을 번 것은 물론이거니와 미모의 발레리나와 결혼할 만큼 경제학자 중에서도 매우 성공한 인물로 평가받는다.

수요와 공급 모두 중요하다

이제 공급을 중시했던 세이와 수요를 중시했던 케인즈 중 누구의 주장이 더 타당한지, 즉 수요와 공급 중 무엇이 더 거래에 결정적인 영향을 주는지 살펴볼 차례다. 여기에 대해서 어느 경제학자가 매우 현명한 대답을 내놓았다. 바로 '차가운 머리와 따뜻한 마음'을 주장했던 마샬이다.

그는 이 질문에 대해 "수요와 공급은 마치 종이를 자르는 날이 가위의 윗날인지 아랫날인지를 따져보는 것과 같다."라고 답했다. 수요와 공급에서 어느 하나가 더 중요하거나 덜 중요하지 않다는 뜻이다.

경제에서는 "수요와 공급만 알아도 경제의 절반은 이해할 수 있다."는 말이 있다. 그만큼 수요와 공급은 우리 경제를 이해하는 데에 있어 가장 기본이 되는 내용이자 중요한 원리다. 여기서 '원리'라는 말을 썼는데, 우리는 수요와 공급의 내용을 아는 것도 중요하지만 그 원리부터 이해해야 한다.

우하향하는 수요, 우상향하는 공급

지금 당신은 TV를 사러 가전 매장에 들렀다. 이때 TV를 선택하는 기준으로는 무엇이 있을까? 성능과 브랜드, 디자인, 사후 관리 등을 들 수 있지만 가장 큰 영향을 미치는 건 역시 가격일 것이다. 수요에는 가격이 가장 큰 영향을 준다.

그럼 반대로 공급을 생각해보자. 우리가 소비에 익숙하지만 공급은 생소하게 느끼는데, 공급도 크게 다르지 않다. '공급하고자 하는 의도'라는 말에 초점을 맞춰본다면 높은 가격으로 많이 판매해 더 큰 이익을 기대하는 것이다.

가격이라는 가장 큰 요인을 기준으로 뒀을 때, 수요자는 낮은 가격일수록 더 많이 구매하고자 한다. 이를 선으로 나타낸 '수요곡선'은 우하향하는 형태로 그려진다. 반면 공급자는 높은 가격일수록 더 많이 공급하고자 한다. 이를 나타낸 '공급곡선'은 우상향하는 형태로 그려진다.

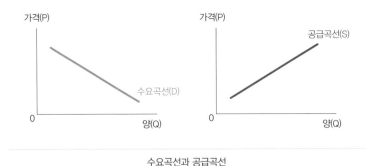

수요곡선과 공급곡선

이제 한 그래프에 두 선을 그려보자. 만나는 지점이 있을 것이다. 우하향하는 형태의 수요곡선(D)과 우상향하는 형태의 공급곡선(S)이 만나는 지점을 가리켜 경제에서는 '균형'이라고 한다.

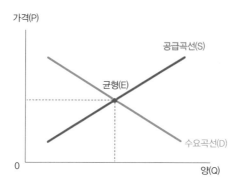

이처럼 수요와 공급이 만나는 점에서 균형이 결정된다

　균형은 서로 다른 욕구를 가진 수요자와 공급자가 만나더라
도 자연스레 거래가 이뤄질 수 있다는 의미다. 이때 수요와 공
급을 움직이는 기준으로 작용한 가격을 '보이지 않는 손'이라고
하는데, 가격이라는 보이지 않는 기준에 따라 자연스레 균형에
도달하고 마침내 거래가 이루어지는 것이다.

　균형이 갖는 가장 큰 특징은 외부의 개입이 없다는 점이다.
그렇기에 수요와 공급의 원리는 "당사자의 자유로운 의사만으
로도 거래가 이뤄질 수 있다."라는 측면에서 지금의 자유로운
시장경제를 형성하는 이론적 토대가 되었다.

수요와 공급에도 예외가 있다

수요와 공급이 만나는 점에서 균형이 이뤄진다고 했는데, 그렇지 않은 경우도 있다.

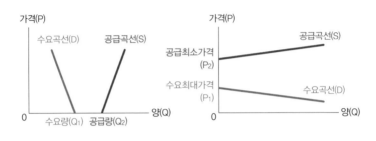

균형이 존재하지 않는 경우

이 그래프는 우리가 보던 X자 형태의 수요·공급과는 많이 달라 보인다. 우선 두 곡선이 만나지 않는다. 그렇다면 균형이 없는 걸까? 맞다. 이 경우 균형은 존재하지 않는다. 수요와 공급 모두 존재하지만 균형이 존재하지 않는 이유는 바로 '해당 상품'에 있다.

먼저 왼쪽 그래프를 살펴보자. 공급하고자 하는 양은 Q_2 수준임에 반해 수요하고자 하는 양은 Q_1이다. '자유재'가 여기에 속한다. 자유재는 희소성이 없는 재화를 말하는데, 시장에서 거래되는 대다수 상품은 자유재에 해당하지 않는다. 굳이 꼽는다면 공기 정도를 예로 들 수 있겠다. 예전에는 물도 자유재에 속했지만 환경오염으로 인해 이제는 공기를 빼고는 자유재를 찾기 어렵다.

오른쪽은 수요곡선의 최대 가격이 P_1이다. 반면 공급곡선은 그보다 높은 가격인 P_2에서 시작한다. 해당 상품을 공급하려면 적어도 P_2 수준의 가격을 받아야 한다는 뜻이다. 천문학적으로 높은 비용이 발생하는 경우가 여기에 해당한다. 우주여행을 예로 들 수 있다.

상품 간의 관계

스마트폰의 크기가 점차 커지면서 태블릿 판매가 줄어들고 있다. 스마트폰이 태블릿의 역할을 대체하기 때문이다. 이와 달리 스마트폰 판매가 많아지면서 케이스와 액정필름 판매는 많아졌다.

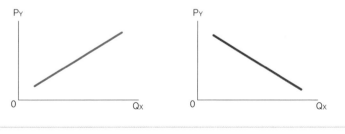

대체재와 보완재

먼저 두 축을 보면 P, Q가 아니라 P_Y, Q_X로 나와 있다. 여기서 X, Y는 서로 다른 두 재화를 말한다. Y재의 가격 변화에 따른 X재의 수량 변화를 나타내고 있는 그래프라고 보면 된다.

왼쪽 그래프를 보자. Y재의 가격이 오름에 따라 X재의 수량도 많아짐을 알 수 있다. 녹차와 홍차라든지 콜라와 사이다 같은 대체관계에 있는 재화가 여기에 해당한다. 녹차 가격이 오르면 상대적으로 사람들은 (녹차를 대체할 수 있는) 홍차를 더 소비한다. 그 결과 그래프는 우상향하는 형태로 나타나며 이때 X재와 Y재를 '대체재'라고 한다.

오른쪽 그래프는 Y재의 가격이 오름에 따라 X재의 수량이 줄어들고 있다. 이를 '보완재'라고 한다. 커피와 설탕이라든지 바늘과 실 등으로, 하나를 소비하면 다른 하나도 보완적으로 소비해야 하는 상품을 말한다. 상품 간에도 그 관계에 따라 수요가 달라지는 것이다.

소득도 중요하다

상품의 수요는 소득에도 영향을 받는다. 다음의 그래프는 '정상재'와 '열등재'를 나타내고 있다. 앞서 다룬 대체재와 보완재가 두 재화의 관계에 주목했다면, 정상재와 열등재는 소득 변화에 주목한다. 소득이 늘어남에 따라 수요도 커지면 정상재이고, 소득이 늘어났는데 수요가 줄면 열등재다.

보통 우리는 소득이 늘면 수요도 그만큼 커진다고 알고 있다. 자판기 커피를 떠올려보자. 소득이 적을 경우에는 자판기 커피를 마시겠지만 소득이 늘면 커피전문점의 커피를 마시고자 한다. 상대적으로 자판기 커피의 수요는 줄어드는 셈이다.

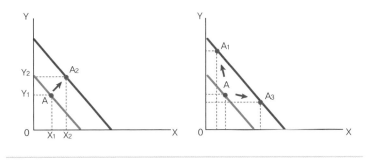

정상재와 열등재

왼쪽 그래프의 A점은 X재를 X_1만큼, Y재는 Y_1만큼 구매(수요)한다는 뜻이다. 다른 지점도 같은 원리로 해석하면 된다. 기준선을 살펴보면 소득이 늘어남에 따라 수요할 수 있는 양은 기존보다 분명히 많아졌음을 알 수 있다. 여기서 A_2로 이동한다면 X재와 Y재 모두 수요가 커진 셈이므로 이때 두 재화는 모두 정상재에 해당한다. 하지만 오른쪽 그래프를 보면 A_1과 A_3의 이동에 따라 그 결과가 달라짐을 알 수 있다. 만약 A_3으로 이동했다면 X재는 커피전문점 커피, Y재는 자판기 커피인 셈이다.

정상재는 다시 '필수재'와 '사치재'로 나눈다. 소득 증가보다 수요 증가 폭이 작으면 필수재, 반대로 더 크면 사치재다. 소득이 1만큼 증가했는데 수요가 0.5 증가하면 필수재이고 1.5 증가하면 사치재인 셈이다. 주로 의식주에 관련된 재화는 필수재에 속하며, 귀금속이나 명품은 사치재에 속한다. 커피전문점 커피는 정상재 중에서도 필수재로 보면 된다.

구분	X재	Y재
A1	열등재	정상재
A2	정상재	정상재
A3	정상재	열등재

새로운 곡선에서 두 재화의 증감을 살펴보자

상품을 구매하거나 판매할 때 가장 큰 영향을 주는 요인은 역시 가격이다. 하지만 가격 이외에도 상품 간의 관계, 해당 수요자의 소득 변화 등 많은 요인이 영향을 준다. 간단해 보이는 그래프 속에 많은 경제 원리가 담겨있다.

당신이 카드를 긁는 이유

소비자의 효용

두 자동차가 있다. 하나는 빠른 속도와 날렵한 외관을 자랑하는 스포츠카, 다른 하나는 튼튼한 차체와 넓은 공간이 특징인 SUV다. 만약 이 중 하나를 선택해야 한다면 어떤 차를 고르겠는가? 둘 다 고를 수 있다면 얼마나 좋겠느냐마는 여기서는 하나만 고를 수 있다.

결과는 다양하게 나타날 것이다. 스포츠카를 선호하는 이들이 있겠지만 SUV를 선호하는 이들도 있을 테니 말이다. 그들은 차의 성능, 제조사, 가격, 디자인 등을 종합해 가장 큰 만족감을 주는 자동차를 선택했을 것이다.

경제에는 '효용Utility'이라는 개념이 있다. 상품이나 서비스를 소비함으로써 얻는 주관적인 만족감의 크기다. 만약 당신이 SUV를 선택했다면 "SUV가 나에게 주는 효용이 스포츠카가 주는 효용보다 더 높다."라고 할 수 있다.

효용의 가장 큰 특징은 '주관적'이라는 점에 있다. 당신은 SUV를 선택했지만 다른 누군가는 스포츠카를 선택할 수 있다. 다른 누군가에게는 스포츠카가 주는 만족감이 더 크기 때문이다. 이뿐인가. SUV를 선택했지만 여전히 스포츠카가 아쉬운 이도 있을 것이다. 이처럼 같은 상품을 소비하더라도 그 과정에서 얻는 만족감의 정도는 개인에 따라 다르게 나타난다.

효용가치설

1,000원에 판매되는 생수가 있다. 그런데 이 생수가 높은 산 중턱이나 피서지에서는 1,500원에 판매된다. 우리는 이 생수의 평소 가격을 알면서도 구매한다. 금액만 놓고 보면 다소 손해를 보는 것이 분명함에도 말이다. 이유는 생수가 주는 효용이 높아졌다는 데 있다.

경제에서는 상품 가격이 소비자의 주관적 만족도에 따라 결정된다는 것을 가리켜 '효용가치설'이라고 한다. 효용가치설은 우리의 소비를 설명하는 대표적인 이론으로 알려져 있는데 효용가치설의 핵심은 효용의 크기를 실제로 나타낼 수 있느냐에 있다.

아래 수식을 보자.

X	2X	0.5X	X^2	$X^{1/2}$

소비에 따른 효용. 여기서 X는 상품의 수량을 의미한다

뜨거운 여름, 당신은 냉장고에서 콜라를 꺼내들었다. 첫 잔은 시원한 목 넘김으로 만족감이 높게 나타난다. 하지만 콜라를 계속 마시다 보면 탄산이 빠져 만족감은 점차 낮아질 것이다. 그렇기에 X나 2X, X^2의 형태는 콜라의 효용을 나타내는 데 적합하지 않다. 0.5X라든지 $X^{1/2}$과 같은 형태일 것이다.

$$f(콜라) = X^{1/3}$$

콜라에 대한 효용함수

이 식은 콜라가 주는 효용을 나타낸 식이다. 경제에서는 '효

용함수'라고 한다. 콜라의 개수(X)가 많아질수록 그 효용이 점차 감소하고 있음을 알 수 있다.

상품을 바꿔 '화폐'를 생각해보자. 만 원권 지폐를 한 장 소비할 때와 두 장 소비할 때의 효용은 어떨까? 콜라와 달리 화폐의 효용은 감소하지 않는다는 특징이 있다. 반대로 증가하지도 않으며, 화폐의 양에 따라 일정하게 유지된다. 효용함수로 표현하면 'f(화폐)=X'이다. 다만 화폐는 어디까지나 예외적인 경우에 속하며, 일반적인 상품은 소비량이 많아질수록 효용은 점차 감소한다.

수량	1개	2개	3개	4개	5개	6개	7개
한계효용	10	9	7	6	3	1	-2
총효용	10	19	26	32	35	36	34

한계효용과 총효용

위 표는 어느 소비자의 상품 소비에 따른 효용을 나타내고 있다. 여기서 소비가 한 단위 증가할 때 추가로 얻는 만족감을 가리켜 '한계효용'이라고 하며 전체 효용의 크기는 '총효용'이라고 한다. 만약 7개를 소비한다면 한계효용은 -2다. 만족감을 주는 게 아니라 거부감을 느낀다는 뜻이다. 그러므로 6개 이상 소비하는 건 합리적인 선택이 아니다.

효용에 따라 소비가 결정된다는 말, 조금은 고개가 끄덕여질 것이다. 다만 상품의 효용을 수치로 나타낸다는 게 어려울 뿐이 조건만 충족한다면 합리적인 소비가 가능하다는 게 효용가치설의 주요 내용이다.

노동가치설

당신은 심혈을 기울여 그릇을 하나 만들었다. 여기에 들어간 시간과 비용을 따져볼 때 그릇의 적정 가격은 10,000원이다. 그런데 당신의 기대와 달리 소비자의 반응은 냉정하다. 그릇을 5,000원 정도의 가치라고 생각한다. 그렇다면 당신은 그릇을 팔아야 할까, 말아야 할까?

먼저 생산자 입장에서는 자신이 노력하여 만든 그릇이니 그만큼의 값을 받고자 할 것이다.

상품의 가치는 투입된 노동, 재료 등에 따라 결정되어야 한다.

'노동가치설'이라고 하며 앞서 소개한 '효용가치설'과 구분된다. 노동가치설을 따를 경우 그릇 가격은 10,000원에 결정된다.

하지만 소비자가 5,000원만큼의 가치(효용)를 느끼므로 가격은 5,000원으로 결정될 것이다. 생산자 입장에서는 원가 이하에 팔아야 하니 다소 억울하겠지만, 그렇다고 무작정 버티고 있으면 5,000원에도 팔 수 없는 상황이 올지 모른다. 차라리 소비자가 원하는 가격에 판매함으로써 이익을 얻는 것이 그냥 두는 것보다는 낫다.

생산자가 손해를 보더라도 소비자가 구매할 수 있는 수준까지 가격을 낮춰 판매를 유도하는 것에 비춰볼 때, 소비라는 영역에서는 노동가치설보다는 효용가치설이 좀 더 타당하다고 볼 수 있다.

물과 다이아몬드의 역설

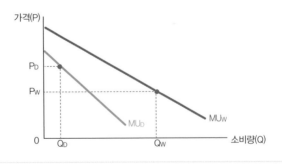

물과 다이아몬드의 한계효용(MUw, MUd)

다이아몬드는 값비싼 보석이다. 반면 우리가 마시는 물은 매우 저렴하며, 때로는 공짜에 거래되기도 한다. 다이아몬드 없이는 살 수 있지만 물 없이는 살 수 없다는 점에 비춰보면 물이 더 비싸야 하는 게 당연해 보인다. 그런데도 다이아몬드가 훨씬 더 비싼 이유는 무엇일까?

위 그래프는 다이아몬드와 물의 소비량, 그리고 한계효용을 나타내고 있다. 소비량(Q)이 많아질수록 한계효용(MU_D, MU_W)은 점차 낮아지고 있다. 경제에서는 한계효용이 점차 체감한다고 하여 '한계효용체감의 법칙'이라고 한다.

물이 우리에게 주는 효용은 매우 크다. 그렇기에 양이 적을 때에는 물의 한계효용이 다이아몬드보다 높게($MU_W > MU_D$) 나타난다. 하지만 물의 양은 많고 다이아몬드의 양은 적다. 상대적으로 희소한 다이아몬드가 주는 효용의 크기가 물의 효용보다 높게($MU_D > MU_W$) 나타난다. 이처럼 물과 다이아몬드의 효용이 다르게 나타나는 것을 가리켜 '물과 다이아몬드의 역설'이라고 한다.

빵 하나의 가치

배부른 사람에게 빵 하나가 주는 만족감은 작을 것이다. 오히려 거부감을 느낄지도 모른다. 하지만 배고픈 사람에게는 어떨까? 그에게는 매우 큰 만족감을 줄 것이다.

빵과 효용의 원리를 생각해보자. 빵을 많이 가진 사람이 그렇지 못한 사람에게 빵을 나눠준다면 이 둘의 효용에는 변화가 생긴다. 먼저 빵을 많이 가진 사람에게는 아주 작은 효용 감소만 나타난다. 반대로 빵을 받은 사람의 효용은 크게 증가한다. 경제에서 말하는 효용이란 단순히 개인의 소비뿐 아니라 경제 전체의 분배와도 연결해볼 수 있다.

우리는 상품이 넘쳐나는 시대에 살고 있다. 그래서인지 항상 소비를 유혹받는다. 필요하지 않은 상품을 구매하는 경우라든지 또는 한순간의 충동을 이기지 못하거나 기분전환으로 소비하는 경우도 심심찮게 볼 수 있다. 효용에 비춰본다면 분명 불필요한 소비에 해당한다.

"과연 이 상품이 나에게 얼마만큼의 효용을 가져다주는지", "필요하지 않은 상품임에도 그냥 갖고 싶다는 생각에 사는 건 아닌지" 등을 고민해 볼 필요가 있다. 개인의 소비에 정답은 없으며 완벽한 소비라는 것도 어려운 일이다. 그래도 경제를 배운 만큼, 합리적인 소비를 생각해보자.

생산의 목적은 이윤이다?

생산, 그리고 기업

경제에서는 가계를 가리켜 '소비의 주체', 기업을 가리켜 '생산의 주체'라고 표현한다. '생산'이라고 하면 무언가를 만들어내는 것, 기업이 전문적으로 하는 활동 정도로 알고 있다. 맞는 말이다. 하지만 이 책을 통해 경제를 공부하는 만큼 좀 더 정확하게 알아두도록 하자. 생산이란 '인간이 생활하는 데 필요한 물건을 만들어내는 것'을 뜻한다.

만들어낸다는 것 자체에만 주목해보면 개인도 생산의 주체가 될 수 있다. 그럼에도 현대 경제에서는 주로 기업이 생산을 담당하고 있다. 그 이유는 무엇일까? 바로 생산 효율에 있어 개인보다 기업의 형태가 적합하기 때문이다.

그릇을 생각해보자. 앞서 당신이 심혈을 기울여 만든 그릇 말이다. 전문적인 기술과 노력이 필요하겠지만 적어도 그릇 하나를 만드는 일은 개인도 충분히 가능하다. 하지만 이 그릇을 수십 개, 혹은 수백 개 만들어야 한다면 어떨까? 아마 한 개를 만들 때는 고려하지 못했던 여러 문제가 발생할 것이다. 우선 넓은 작업장이 필요하고 보관이나 운송방법도 염두에 두어야 한다.

이뿐만 아니다. 무엇보다 당신은 높은 판매 수익을 목표로 하고 있다. 그러려면 효율적인 생산 방법을 찾아야 한다. 이러한 측면에서 기업의 경영방식이나 조직구조가 생산에 효율적임을 알 수 있다.

분업의 중요성

현대의 시장에는 개인이 생산하기엔 너무나도 복잡화된 상품들이 많다. 스마트폰이나 냉장고, 자동차만 떠올려 봐도 금세 고개가 끄덕여질 것이다. 과연 기업은 이러한 상품들을 어떻게 생산하는 것일까? 다양한 기술이 있겠지만, 앞서 설명할 수 있는 건 바로 '분업'이다.

고도로 분업화된 시대를 살아가는 우리에게 있어 분업의 효과는 다소 진부한 이야기로 들릴지도 모른다. 하지만 분업이라는 개념이 처음 소개될 당시에만 해도 가히 혁명적인 방식으로 인식됐다.

"노동자 한 사람이 기계의 힘을 빌리지 않고 수작업으로 핀을 만든다면, 잘 해야 하루에 한 개 정도를 만들 수 있다. 그러나 핀 제조과정을 18개 공정으로 나누어 열 명이 분업을 하면 하루에 4만 8천 개의 핀을 만들 수 있고 한 명이 하루에 4천 8백 개의 핀을 만들 수 있다."

– 애덤 스미스, 『국부론』

『국부론』은 분업의 효과에 대해 위와 같이 설명하고 있다. 이렇듯 분업은 엄청난 생산성 향상을 가져왔으며 기업 활동에 있어 필수불가결한 방식으로 자리 잡기에 이르렀다.

현대 경제에서 분업은 여러 의미로 쓰이고 있다. '전문직 종사자'라는 말부터가 하나의 분업이다. 이를 '사회적 분업'이라고 한다. 그리고 원료의 생산지 또는 대도시에 가까운 지역에서 작업이 이뤄질 경우 '지역적 분업'이라고 하는데 거래비용을 낮추기 위함이다.

분업에도 여러 형태가 있지만 가장 대표적인 분업을 꼽으라면 역시 '공정 분업', 미국 포드Ford사의 컨베이어 벨트를 꼽을

수 있다. 자동차를 만드는 공정에 따라 노동자를 순서대로 줄
세우고, 컨베이어 벨트를 통해 관련 부품을 조달하는 방식이다.
그러면 근로자들은 한 공정에 집중할 수 있으며 그만큼 생산시
간도 단축된다. 이 방식은 혁신적인 사례로 평가받으며 경영학
에서도 빠지지 않고 소개된다.

공장 컨베이어 벨트를 통해 자동차를 생산한 포드사

생산 관련 용어

아무리 복잡한 생산도 결국에는 상품을 만들어 팔고, 이를 통해
이익을 얻는 활동이다. 그 과정을 단순화시키면 아래와 같이 나
타낼 수 있다.

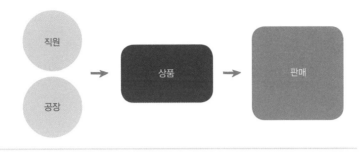

생산 과정

　가장 먼저 생산에 필요한 것들이 있어야 한다. 직원, 공장부지, 기계 등이 해당하는데 '생산요소'라고 한다. 경제에서는 생산요소를 크게 두 가지로 한정한다. 하나는 '노동', 그리고 다른 하나는 '자본'이다. 두 가지로 한정하는 이유는 간단하다. 분석의 편의를 위해서다.

$$Q = f(L, K)$$

생산함수의 형태

　이 식은 노동과 자본을 이용한 '생산함수'를 나타낸 것이다. 효용함수와 마찬가지로 생산함수도 여러 형태로 나타낼 수 있다.

생산함수의 응용

위 생산함수는 어떤 상품(Q) 1단위를 생산하는 데 필요한 노동과 자본의 양을 나타내고 있다. ① 생산함수는 노동(L) 2단위, 자본(K) 1단위로 A 상품을 생산할 수 있다는 뜻이며, ② 생산함수는 노동 1단위, 자본 2단위로 B 상품을 생산할 수 있다는 뜻이다.

여기서 노동 1단위와 자본 1단위의 가격이 각각 5만 원으로 같다고 해보자. 그러면 어떤 생산함수를 선택하든 상품 생산에 드는 비용은 15만 원으로 차이가 없을 것이다. 생산함수의 핵심은 노동과 자본의 가격이 다르다는 데에 있다.

만약 당신이 노동력이 풍부한 국가에 진출한다고 생각해보자. 노동의 가격이 3만 원이고 자본은 5만 원이라고 할 때 어떤 생산함수를 선택하겠는가? ①의 방법으로는 11만 원밖에 들지 않겠지만, ②의 방법으로는 13만 원이 들기 때문에 ①을 선택할 것이다. 가끔 뉴스에서 기업들이 임금 문제로 해외 이전을 검토한다는 소식이 들리는 이유다. 이 경우 생산함수는 생산량과 비용을 검토하는 적합한 기준이 될 수 있다.

이외에도 생산에 관련된 몇 가지 대표적인 용어를 소개하면 다음과 같다.

- 총수입: 생산물의 판매를 통해 얻게 되는 수입의 총 크기
- 총비용: 생산에 투입된 요소 및 관련 비용의 총 크기

  ※ 총비용 = 고정비용 + 변동비용
- 평균수입: 총수입을 판매량으로 나눈 값
- 한계수입: 생산물 한 단위 추가 판매 시 얻는 수입
- 평균비용: 총비용을 총생산량으로 나눈 값
- 한계비용: 한 단위 추가적 생산에 필요한 비용 증가분
- 이윤: 총수입에서 총비용을 뺀 값

총수입에서 총비용을 뺀 나머지가 0보다 크면 이익이므로, 평균수입이나 한계수입과 같은 용어를 알 필요는 없어 보인다. 하지만 기업 입장에서는 단순히 생산을 목표로 하지 않고 '이윤을 극대화하는 생산'을 목표로 한다. 그렇기에 실제 경제에서는 한계수입과 한계비용이 만나는 지점이 어디인지, 평균비용의 최저 지점이 어디인지를 중요하게 여긴다.

이윤과 경제적 비용

생산에 관련된 중요한 개념은 '이윤'이다. 이윤 추구는 기업의 목적이라고도 볼 수 있을 만큼 중요하게 다뤄진다. 하지만 경제에서 말하는 이윤은 '경제적 이윤'이라고 해서 일반적으로 생각하는 이윤과는 차이가 있다. 경제적 이윤을 이해하려면 먼저 경제에서 말하는 '비용'에 대해 알아야 한다.

- 회계적 비용: 회계학에서 말하는 비용으로 명시적 비용을 의미한다.
- 경제적 비용: 경제학에서 말하는 비용으로 명시적 비용과 암묵적 비용의 합을 의미한다.

자신의 사무실을 공부방으로 운영하는 A 씨가 있다. 그는 한 달 동안 100만 원의 운영비를 지출했고 수입 또한 100만 원이었다. 100만 원을 투자해 100만 원의 수입을 얻은 셈이니 이윤은 0이다. 적어도 손해는 보지 않았다고 생각할 수 있다.

하지만 경제의 비용으로 본다면 A 씨는 큰 손해를 본 셈이다. 왜냐하면 암묵적 비용을 고려하지 않았기 때문이다. 암묵적 비용이란 A 씨가 자신의 사무실을 공부방으로 운영하지 않고 임대하거나 또는 운영비 100만 원을 은행에 넣어두었을 때 기대되는 비용을 말한다. 기회비용의 개념이다.

만약 A 씨가 자신의 사무실을 임대했을 때 월 임대료가 30만 원이었다면 어땠을까? 그는 0의 이윤이 아니라 오히려 30만 원을 얻을 기회를 놓친 것이다. 단순히 회계적 비용만을 기준으로 따졌을 때는 보지 못했던 결과다.

회계적 비용(운영비 100만 원)	
명시적 비용(운영비 100만 원)	암묵적 비용(임대료 30만 원)
경제적 비용(명시적 비용과 암묵적 비용의 합 130만 원)	

회계적 비용과 경제적 비용

A 씨가 0의 '경제적 이윤'을 얻었다고 생각해보자. 경제적 이윤은 경제적 비용을 기준으로 한다. 명시적 비용인 100만 원, 그리고 암묵적 비용인 임대료 30만 원을 더한 경제적 비용은 130만 원이다. 즉 A 씨의 수입은 100만 원이 아닌 130만 원이었다는 뜻이다. 똑같은 0원의 이윤이지만 그 비용을 회계적 비용으로 보았는지, 아니면 경제적 비용으로 보았는지에 따라 결과가 달라진다.

만약 당신이 사업을 시작한다면 회계적 비용과 경제적 비용 모두를 고려해야 한다. 우선 회계적 비용도 중요하다. 거래내역과 돈의 흐름을 나타내기 때문이다. 하지만 사업 확장이나 전략 선정 등에 있어서는 회계적 비용이 아닌 경제적 비용으로 따져보길 바란다. 그럼 좀 더 합리적인 선택을 내릴 수 있을 것이다.

규모의 경제, 범위의 경제

생산 규모가 커짐에 따라 평균비용이 점차 낮아지는 현상을 '규모의 경제'라고 한다. 상품을 대량생산할 때 그 과정에서 줄어드는 비용이 있는데, 운임이나 보관비 등이 그러하다. 또한 생산량이 많아질수록 초기 개발비용이 분산되는 효과를 가져와 각 상품의 평균비용이 점차 낮아지게 된다. 윈도우 CD를 생각해보면 개발비용은 많이 들었지만 정작 판매가격은 그에 미치지 않는다.

'범위의 경제'는 산업의 범위를 넓힘에 따라 비용이 절감되는 것을 뜻한다. 자동차 제조 회사가 제철기업도 함께 운영하는 것을 예로 들 수 있다. 그런 면에서 범위의 경제는 '시너지 효과'로 볼 수 있다. 두 기업이 합칠 경우 생산비용이 줄어드는 것은 물론이거니와 관리 비용도 그만큼 덜 들 것이고 전략수립 및 진행에서도 탄력을 받는다.

중요한 점은 규모의 경제와 범위의 경제가 서로 다른 개념이라는 것이다. 경제를 처음 접하는 경우, 비용이 점차 하락한다는 공통점 때문인지 규모의 경제가 발생하면 범위의 경제가 발생한다고 생각한다. 그러나 이 둘은 분명히 다른 개념이니만큼 구분할 필요가 있다.

생산의 목적은?

앞서 다룬 소비의 경우 '필요'라는 목적에 따라 소비가 이루어졌다. 그렇다면 생산의 목적은 무엇일까? 물론 상품을 생산한다는 것 또한 필요에 따른 것이라고 볼 수 있다. 필요한 상품이 아니라면 생산이 이루어진다 한들, 그 누구도 소비하지 않을 테니 말이다. 그럼에도 우리는 상품을 생산하는 이유가 '돈을 버는 것'이라 생각한다.

돈을 번다는 그 자체만 따져보면 굳이 상품을 생산하지 않고도 다른 방법은 많이 있다. 시세차익을 목적으로 한 주식투자라든지, 부동산 갭투자로도 돈은 벌 수 있다. 하지만 이러한 것들은 결국 주식이나 부동산과 같은 특정 대상을 기반으로 한 파생적인 활동일 뿐, 그 자체로 하나의 새로운 가치를 만들어내지는 못한다. 그렇기에 단순히 돈을 벌고자 하는 활동, 그리고 상품을 만들어내 이를 판매하는 과정에서 돈을 버는 활동은 구분할 필요가 있다.

경제에서 바라보는 생산의 목적은 기업의 이윤을 극대화하는 것에 있다. 하지만 그렇다고 해서 생산의 목적을 '이윤 극대화'

하나로 단순화시키는 것은 적절하지 않다. 오히려 새로운 것을 창조하는 도전적 자세로 생산에 임해 사회의 부를 증진하는 것, 사람들이 필요로 하는 것을 새롭게 발명해내 편리성을 충족시키는 것을 진정한 생산의 목적이라고도 볼 수 있다. 이 관점에 따르면 이윤은 기업의 활동에 자연스레 따라오는 결과다.

대표적인 것이 바로 '혁신'이다. 지금은 스마트폰이 대중화됐지만 불과 10여 년 전만 하더라도 버튼이 없는 핸드폰은 상상하기 힘들었다. 하지만 스마트폰이 등장하면서 핸드폰은 더 이상 통화 수단으로만 사용되지 않는다. 스마트폰은 하나의 혁신이며, 이윤은 그에 따른 정당한 대가다. 혁신이야말로 우리 경제를 발전시키는 거대한 원동력이라고 볼 수 있다.

스마트폰이 출시된 이후 그 많던 폴더폰은 자취를 감추었다. 지금의 스마트폰은 디자인만 놓고 보면 차이가 없어 보이지만 혁신은 계속되고 있다. 앞으로는 휘어지는 액정이 달린 스마트폰이 출시될 예정이다. 영화 속 화면이 아닌 현실에서 볼 날도 얼마 남지 않은 셈이다. 기업의 혁신이 앞으로의 경제도 이끌 것을 기대해본다.

없는 것 빼고 다 파는 곳

거래가 이뤄지는 곳, 시장

우리 경제를 가리켜 '시장경제'라고 한다. 시장이라는 공간을 중심으로 경제활동이 이뤄진다는 말이다. 눈에 보이는 상품이 거래되는 '상품시장(생산물시장이라고도 함)'이 가장 대표적인 시장의 모습이다.

이외에도 다양한 형태의 시장이 존재한다. 주식이 거래되면 '주식시장', 외환이 거래되면 '외환시장', 같은 원리로 '노동시장', '부동산시장'을 들 수 있다. 설령 불법적인 거래가 이뤄지더라도 시장은 시장이다 보니 '암시장'이라는 말이 있을 정도다. 최근에는 암호화폐가 거래되면서 '암호화폐시장'이라는 말도

생겼는데, 이처럼 거래되는 매개체만 있다면 모두 시장으로 볼
수 있다.

경제에서는 시장을 크게 네 가지 형태로 구분한다. '거래되는
장소'라는 점에서는 차이가 없지만 거래의 요소인 생산자와 소
비자의 수, 그리고 상품의 특징 등에 차이가 있다.

- 완전경쟁시장: 생산자와 소비자 모두 완전 경쟁적인 시장
- 독점시장: 한 명의 생산자만 존재하는 시장
- 독점적 경쟁시장: 다수의 생산자와 상품 차별화가 존재하는 시장
- 과점시장: 소수의 생산자가 시장을 지배하는 시장

완전경쟁시장과 독점시장

'완전경쟁시장'은 가장 이상적인 형태의 시장이다. 이상적이라
고 하는 이유는 상품 정보를 생산자와 소비자가 알고 있으며,
생산자와 소비자 수 또한 무수히 많아 개별 상품 가격에 영향을
줄 수 없기 때문이다. 동일한 상품의 가격은 모두 같으며 소비
자와 생산자의 거래에는 아무런 문제가 발생하지 않는다. 말만
들어도 얼마나 합리적인 시장이겠는가?

하지만 아쉽게도, 완전경쟁시장은 현실에서 찾아볼 수 없다.
우리가 상품을 구매할 때 관련된 모든 정보를 알 수 있을까? 대

단히 어려운 일이다. 또한 완전경쟁시장에서의 모든 상품은 가격뿐만 아니라 그 품질도 같아야 하는데 실제 경제에서는 상품마다 특징이 다르다.

이러한 한계 때문인지 경제에서는 주식시장을 그나마 완전경쟁시장에 가깝다고 보고 있다. 주식의 경우 그 정보가 공개되어 있고 거래 또한 즉각적으로 이루어진다. 물론 이것도 가깝게 본다는 것이지, 실제 경제에서 완벽한 형태의 완전경쟁시장을 찾아보는 건 매우 어렵다.

'독점시장'이란 생산자가 상품 공급에 대해 독점적인 지위를 갖는 시장을 말한다. 여기에서 독점적 지위를 '시장지배력'이라고 하는데, 완전경쟁시장과 달리 독점시장은 비교적 쉽게 찾아볼 수 있다. 대표적인 예로 마이크로소프트의 운영체제인 '윈도우'와 해당 소프트웨어인 'MS오피스'를 들 수 있다.

독점이라는 어감 때문인지 부정적으로 생각하는데 꼭 그렇지만은 않다. 필요에 따라 개인이 아닌, 공공을 위해 운영되는 경우가 있기 때문이다. 우리나라 수도나 에너지, 전기와 같은 공공의 성격이 강한 분야는 민간에 맡기지 않고 특정 기관이 독점적으로 운영하지 않는가.

소비자 입장에서는 독점보다 완전경쟁이 더 좋아 보인다. 하지만 독점이 가져다주는 장점도 있다. 기업 입장에서는 독점시장 내 그만큼의 이윤을 얻을 수 있다는 걸 알고 독점적 지위를 누리기 위해 기술 진보, 연구 개발 등에 주력한다. 결과적으로 상품의 질적 향상과 함께 기업 간의 경쟁을 가져오므로 꼭 나쁘게 볼 수만은 없다.

물론 독점의 단점도 있다. 가장 큰 문제는 가격 상승과 소비자 선택의 제한이다. 독점이다 보니 가격을 올려도 이를 마땅히 제재할 수단이 시장에는 없다. 경쟁의 원리를 상실했기 때문이다. 그리고 소비자에게는 해당 상품이 마음에 들지 않더라도 다른 상품을 선택할 권리가 사라진다.

독점적 경쟁시장, 과점시장

'독점적 경쟁시장'은 완전경쟁시장과 독점시장의 중간에 위치한 시장이다. 이상적이지만 비현실적인 완전경쟁시장, 몇몇 산업에서만 볼 수 있는 독점시장에 비해 독점적 경쟁시장은 비교적 쉽게 찾아볼 수 있다.

독점적 경쟁시장의 가장 큰 특징은 바로 차별화에 있다. 우리가 생필품을 사러 매장에 들르면 다양한 종류의 상품이 판매되는 걸 볼 수 있다. 얼핏 보면 비슷해 보이지만 자세히 살펴보면 각각의 특징, 차별성을 띠고 있다. 어떤 이로운 성분을 넣었다든지, 인기 연예인 누구를 광고 모델로 세웠다든지 하는 식으로 말이다. 그러나 정작 상품 자체의 크기나 무게, 가격 등에는 큰 차이가 없는데, 이를 가리켜 상품 차별화 또는 비가격경쟁이라고 한다.

상품 차별화가 가능한 이유는 소비자들의 소득이나 성격, 연령이나 선호가 각기 다르다는 데에 있다. 예를 들어 같은 쌀로 만들더라도 일반 식당에서 판매하는 밥과 고급 호텔에서 판매하는 밥의 가격이 다른 것은 해당 소비자의 소득 수준의 차이에 따른 것이다. 이외에도 우리가 자주 마시는 커피나, 술의 경우에도 그 종류가 다양한데 이는 소비자의 선호가 각기 다른 데에서 나타난다.

'과점시장'은 독점과 달리 소수의 기업이 시장을 지배하는 구조를 말한다. 쉽게 찾아볼 수 있는 시장이라는 점에서는 독점적 경쟁시장과 비슷하다. 우리나라의 통신 3사가 대표적이다. 크게 SKT, KT, LG U+ 3개의 업체가 경쟁 중인데, 살펴보면 요금제라든지 서비스 유형이 비슷하다는 걸 알 수 있다. 특히 스마트폰은 몇몇 제조사에서 만든 상품들이 전체의 과반을 차지하고 자동차도 크게 다르지 않다.

과점시장은 '기업 간의 선택행위'라는 점에서 경제의 주된 관심사기도 하다. 어느 부지를 놓고 두 마트가 진입을 고려할 때 기대되는 이익과 피해는 얼마인지, 신상품 출시를 놓고 경쟁사의 가격과 얼마나 차이를 둘 것인지, 최저가 경쟁을 두고 두 기업 모두 출혈을 감수할 것인지 등이 모두 과점시장에서 나타난다. 완전경쟁시장이나 독점시장에서는 볼 수 없는 모습이다.

과점시장은 서로 간 경쟁도 가능하지만 오히려 담합을 통해 시장가격을 임의로 조정하고 자신들의 이익을 추구한다는 문제가 발생할 수 있다. 과점시장의 기업들이 서로 합의가 이뤄진다면 독점기업에 못지않은 시장지배력을 갖게 되다 보니 관리 감독이 중요하게 여겨진다.

금융시장

경제기사를 보면 주식시장, 파생상품시장, 채권시장 등 금융에 관련된 여러 시장을 접하게 된다. 이 모두를 가리켜 '금융시장'이라고 한다.

금융시장은 크게 '직접금융시장'과 '간접금융시장'으로 구분할 수 있다. 직접금융시장이란 자금수요자와 공급자가 직접 거래 하는 방식을 말하며, 간접금융시장이란 은행과 같은 금융중개기관을 거치는 방식을 말한다. 대표적인 형태로는 '주식, 채권(직접금융)' 그리고 '예금, 대출(간접금융)' 등을 꼽을 수 있다.

금융시장은 일반적인 시장과는 다른 특징이 있다. 만약 당신이 밀가루로 빵을 만들었다고 생각해보자. 빵이 팔리지 않는다

금융시장의 구조 (출처: 한국은행)

고 해서 다시 밀가루로 되돌릴 수는 없다. 하지만 금융은 다르다. 가지고 있는 돈으로 주식을 살 수도 있고, 또다시 되팔 수도 있다. 또한 전산으로 거래가 이뤄지다 보니 시간과 공간의 제약도 없는 편이다. 그래서 금융시장에는 수많은 금융상품이 있고 실시간 거래가 가능하다.

또한 금융시장은 수익 그 자체를 목표로 거래가 이뤄지다보니 변동성이 높다는 특징이 있다. 어느 산업의 전망이 좋다고 예상하면 관련 기업들의 주가가 수십 배에 가까이 오르고 미국 금리에 변동이 생기면 외환시장이 요동쳐 환율이 크게 변하기도 한다. 노동시장의 실업률이라든지 상품시장의 물가와 비교해볼 때 금융시장의 변동성이 어느 정도인지 짐작할 수 있다.

금융시장의 변동성이 높아지면 경제에 위험을 불러온다. 그래서 금융시장의 관리는 대단히 중요하다. 금융시장에 대한 정책을 '통화정책'이라고 하는데, 우리나라의 경우 통화정책은 한국은행이 담당한다.

금융시장에서 통화정책의 파급경로 (출처: 한국은행)

한국은행이 통화정책을 시행했을 경우, 여러 경로를 거쳐 금융시장에 영향을 주게 되고 실물 시장에도 연결된다. 종종 경제기사에서 한국은행의 금리 인상을 보도하면서 그 시기나 변동 폭을 강조하는 건 이와 같은 이유에서다.

부동산시장

본래 '부동산'이란 토지 및 그 정착물을 뜻한다. 하지만 경제에서는 부동산 그 자체보다 '부동산시장'이라는 말을 더 자주 쓴다. 부동산이 하나의 상품처럼 거래되다 보니 시장으로 보는 것이다.

부동산시장은 금융시장에 못지않게 어려운 용어들이 많다. 부동산 전문가가 아니고서야 세부적인 수치를 파악하고 또 이러한 추세를 이해하기란 어려운 일이다. 정부에서 부동산대책을 발표하더라도 부동산 자체가 중·장기적인 분야다 보니 정책의 효과를 판단하기도 쉽지 않다. 어느 쪽에서는 가격이 상승한다고 하지만 다른 쪽에서는 일시적인 현상이라고 보기도 한다.

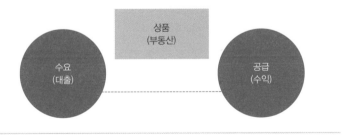

부동산시장에서의 수요와 공급

부동산시장은 간단하게 접근하자. 부동산을 하나의 상품으로 보면 된다. 그리고 수요와 공급은 '대출'과 '수익'으로 연결해 볼 수 있다. 즉 부동산시장을 해석할 때는 "대출이 어느 정도인지, 반대로 수익이 얼마나 발생하는지"에 초점을 맞추면 쉽게 이해할 수 있다.

부동산 관련 기사를 보면 DTI, LTV 등의 용어가 소개된다. LTV란 주택담보대출비율Loan To Value ratio의 약자로, 주택을 담보로 돈을 빌릴 때 인정받는 자산의 비율을 의미한다. 예를 들어 LTV가 60%인데 1억 원 주택을 담보로 돈을 빌린다면 6천만 원까지 빌릴 수 있다는 뜻이다. 만약 LTV가 60%에서 70%로 올랐다면 그만큼 대출받을 수 있는 최대금액이 커진다는 뜻이다. "이번 LTV 상승으로 부동산시장의 활성화를 기대해볼 수 있다." 라고 해석할 수 있다.

DTI(총부채상환비율), RTI(이자상환비율), DSR(총부채원리금상환비율)과 같은 용어들도 같은 원리로 해석하면 된다. 비율(%)이 커지는지 작아지는지를 통해 부동산시장에 어떠한 영향(규제 또는 완화)을 가져오는지 살펴볼 수 있다.

결국엔 시장이다

완전경쟁시장에서 과점시장에 이르기까지 시장의 여러 형태,

그리고 경제에서 자주 소개하는 금융시장과 부동산시장의 특징도 살펴보았다.

시장이라고 해서 특별한 건 없다. 시장은 '상품을 사는 곳이자 파는 곳'이라는 이 단순한 법칙 위에 존재하고 있다. 그렇기에 "좋은 품질, 합리적인 가격, 필요로 하는 소비자" 등의 여건만 갖춰진다면 어디서든 형성 가능한 게 시장이다.

최근에는 기술 발전에 따라 장소의 제약을 받지 않는 온라인 거래가 점차 활성화되고 있는데 그만큼 앞으로의 시장은 더욱 치열할 것으로 예상한다. 물론 여기에서도 합리적인 소비자와 생산자의 기본원리, 효용 극대화와 이윤 극대화가 적용된 거래가 이뤄질 것이니만큼 시장의 본질 자체는 변함이 없다.

두 마리 토끼를 잡을 수 있을까?

그동안 성장의 토끼를 잡았다

"성장과 분배 중 무엇이 더 중요할까?" 아마 경제에 있어서 이만큼 뜨거운 감자는 없을 것이다. 경제를 잘 모른다는 사람도 한 번쯤 이 문제에 대해 고민해봤을 텐데, 성장과 분배의 논의는 가치판단을 넘어 국가의 경제정책 방향을 정할 정도로 중요한 문제다.

그동안 우리 경제는 성장 중심의 경제정책을 펼쳐왔다. 그 결과 단기간에 고도성장을 이룩할 수 있었고 이제는 1인당 국민소득 3만 달러를 바라보는 시점에 이르렀다. 하지만 성장 속에 가려졌던 문제들이 수면 위로 떠 오르면서 분배에 대한 목소리도 높아지고 있다.

성장과 분배는 마치 수요와 공급처럼 떼려야 뗄 수 없는 관계다. 성장이 있어야 분배가 가능한 건 사실이지만 성장을 이루는 것만큼이나 분배도 중요하며, 분배를 목적으로 한다고 해서 성장 동력을 멈출 수도 없다. 성장과 분배를 함께 이뤄내는 것이 가장 바람직하겠지만 쉽지만은 않다.

성장과 분배는 어떻게 다를까

경제에서는 성장과 분배를 말할 때 '파이'라는 말을 쓴다. 경제 전체의 생산물을 많아지게 하는 걸 '파이를 키운다.'고 하며, 생산물을 나누는 걸 '파이를 나눈다.'라고 한다.

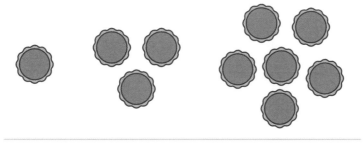

파이가 커지는 것과 성장의 문제

위 그림은 파이가 점점 커지는 걸 나타내고 있다. 우리 경제가 물질적으로 풍요로워지는 것을 말하며 경제에서는 '효율적인 생산'을 통해 더 큰 파이를 달성할 수 있다고 본다.

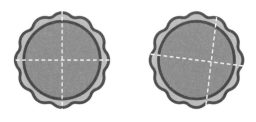

파이를 나누는 것과 분배의 문제

왼쪽은 생산된 파이를 동등하게 나눠 갖는 경우를 나타내고 있으며 오른쪽은 조금씩 차이를 두어 나눠 갖고 있다. 파이를 좀 더 필요로 하는 이에게 그만큼 더 준다는 뜻으로, 우리가 알고 있는 '선별적 복지'와 '보편적 복지'의 개념이다.

두 그림을 통해 알 수 있듯이 성장에 있어서는 경제가 '효율적인 생산'이라는 비교적 뚜렷한 답을 주고 있다. 반면 분배에서는 여러 해석이 나뉜다. "어떻게 나눌 것인가?"라는 가치판단의 영역이 개입되기 때문이다.

만약 당신이 공장에서 100개의 상품을 생산했다고 생각해보

자. 그런데 옆 사람은 30개밖에 생산하지 못했다. 이때 당신은 100개만큼의 대가를 받아야 할까? 물론 일한 만큼 받아야 한 다는 입장에서는 옳은 말이다. 그런데 옆 사람을 고려해서 조 금 덜 받을 수도 있을 것이다. 80개만 자신이 생산했다 치고, 나 머지 20개는 같은 공간에서 근무하는 옆 사람의 몫으로 넘기는 식으로 말이다.

또는 100개와 30개를 합친 130개를 기준으로 각자 65개씩 나눌 수도 있다. 이 경우 100개를 생산한 당신은 조금 억울할 수 있겠다. 극단적인 분배이긴 하나, 이렇듯 분배의 문제는 어 떤 가치를 우선시하는가에 따라 다양하게 해석해볼 수 있다.

효율적인 생산

경제에서는 효율적인 생산을 소개할 때 '등량곡선'을 사용한다. 동일한 생산량을 나타내는 두 생산요소(노동과 자본)의 조합을 연 결한 선이다.

아래 그래프의 두 축은 각각 노동(L)과 자본(K)의 사용량을 나타낸다. 곡선 Q_1, Q_2, Q_3는 각각의 생산량 수준을 말한다. 만 약 Q_1이 10개 상품을 생산했다면 Q_1의 어느 점에서건 생산량 은 10개로 같다. 그리고 Q_2, Q_3는 이보다 더 많은 생산량을 나 타낸다.

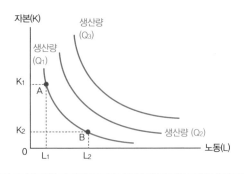

등량곡선

먼저 A점을 살펴보자. 노동을 L₁, 자본을 K₁만큼 투입해 Q₁ 수
준으로 생산했다. B점을 보면 A점보다 노동 투입량(L₂)이 더 많
고 자본 투입량(K₂)은 더 적음을 알 수 있다. 즉 노동과 자본이
라는 생산요소 중 노동을 더 많이 투입하여 같은 생산량(Q₁)을
달성했다는 뜻이다. 노동자원이 풍부하여 임금이 상대적으로

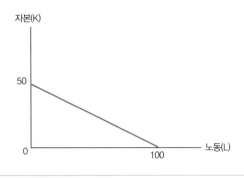

등비용선

저렴한 경우 노동 투입량을 높이는 셈인데, 앞서 기업의 생산과
정 내용과 비슷하다고 볼 수 있다.

'등비용선'은 생산에 드는 노동과 자본을 사용하는데 드는 비
용을 나타낸다. 그래프의 선은 노동 100, 자본 50으로 나와 있
다. 만약 전체 비용이 1,000만 원이라고 한다면 노동은 최대
100단위까지 사용할 수 있다는 뜻이다. 이때 노동 1단위의 가
격은 10만 원이 된다. 같은 원리로 자본은 50단위까지 사용할
수 있으며 1단위의 가격은 20만 원이 된다. 상대적으로 자본의
가격이 비싼 상황이다.

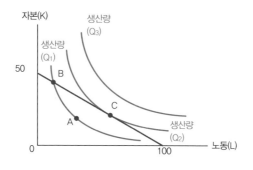

등량곡선과 등비용선을 통한 생산의 최적 지점

그렇다면 등량곡선(생산)과 등비용선(비용)을 연결해보자.
우선 A점과 B점 모두 Q1만큼 생산할 수 있다. 하지만 생산에 드

는 비용은 B점보다 A점이 적다. 그러므로 A점을 선택하면 보다 효율적인 생산이 이뤄지는 셈이다.

이제 B점과 C점을 살펴보자. 같은 등비용선에 있으므로 두 점의 비용이 같음을 알 수 있다. 하지만 B점은 Q_1만큼 생산하는 반면 C점은 Q_2만큼 생산해낼 수 있다. 여기에서 최적점은 C점이다. 그럼 A점과 C점 중 어디를 선택할 것인가의 문제인데, 이는 결정된 생산량에 따라 달라진다. 생산량 Q_1을 목표로 한다면 A점을 선택하면 되는 것이고 생산량 Q_2를 목표로 한다면 C점을 선택하면 되는 것이다. 다만 어느 경우에서든 B점이 비효율적인 생산임은 분명하다.

생산에 있어, 생산요소를 어떻게 조합하느냐에 따라 결과가 달라진다. 따라서 효율적인 생산을 목적으로 한다면, 생산과 비용 모두를 적절히 고려할 수 있어야 한다.

구분		철수	아름	미선	지훈	합계
생산		1	8	4	7	20
분배	A	1	8	4	7	20
	B	3	7	4	6	20
	C	5	5	5	5	20

가치판단의 분배

파이 생산은 이미 마쳤다고 가정하고 표를 살펴보자. 여기서 철수는 1개, 아름이는 8개, 미선이는 4개, 지훈이는 7개, 네 명의 인원이 총 20개를 생산했다.

이제 파이를 나눌 차례다. 분배에는 가치판단의 문제가 따르는 만큼 크게 세 가지로 나눠서 살펴보자. 이 중 가장 합리적인 배분은 어떤 것일까?

아무래도 기준이 있어야 할 것이다. 우선 '각자가 생산한 만큼 분배하는 방식'을 기준으로 한다면 A 방식이 선택된다. 물론이 경우 1개밖에 생산하지 못한 철수에게는 1개의 파이만 주어진다. 조금 안타깝겠지만 어쩔 수 없다. 그렇지 않으면 생산한만큼 분배받는다는 원칙 자체가 흔들릴 수 있다.

반대로 철수에게 주어지는 파이의 수가 너무 적거나 아름이에게 주어지는 파이의 수가 너무 많은 것이 바람직하지 않다고볼 수 있다. 누군가가 조금 손해를 보더라도 전체적으로 더욱고른 분배를 우선시하는 경우도 있을 텐데 이때는 A 방식보다B 방식이 적합하다.

마지막으로 C 방식은 극단적인 평등의 관점이다. 각자의 생산능력과 관계없이 같은 개수로 분배하는데 이 방식을 실제 경제에 적용하기에는 무리가 있는 만큼 대개는 B 방식이 적합하다고 생각할 것이다.

이처럼 각기 다른 분배의 문제에 대해 경제에서는 몇 가지 가치판단의 기준을 제시하고 있다. 대표적으로 '공리주의', '평등주의', '최빈자극대화주의'를 들 수 있다.

공리주의, 평등주의, 최빈자극대화주의

공리주의는 "개인의 합이 전체다."라는 문장으로 요약할 수 있다. 그렇기에 누가 파이를 더 받고 덜 받고는 크게 중요하지 않으며 전체 파이의 수를 중요시한다. 개인의 효용을 이야기하면서 빵 하나가 주는 효용이 배부른 사람과 가난한 사람에게 각각 다르게 나타난다고 했는데, 공리주의 관점으로는 누구에게 주든 간에 차이가 없는 셈이다. 그저 전체 파이 숫자가 많아지는 데 주목하는 게 공리주의다.

공리주의는 개인에게 강한 동기부여를 제공한다는 장점이 있다. 위 경우 네 명의 참가자에게 각자 생산한 만큼 배분받는다고 하면 이들은 더욱 열심히 생산에 참여할 것이다. 그러면 전체의 생산량이 20개보다 많아질 수도 있다.

반면 평등주의는 구성원 간의 평등에 주목한다. 누군가가 더 많이 받거나 혹은 더 적게 받는 것은 바람직하지 못하다고 본다. C 방식이 여기에 해당하는데, 평등주의 관점에서도 가장 극단적인 평등을 나타내고 있다.

마지막으로 최빈자극대화주의란 가장 적게 가진 자의 파이 개수로 분배를 평가하는 관점이다. 생산한 전체 파이가 20개이고 B 방식과 같이 분배했을 때 가장 적은 파이를 받는 사람은 철수고 철수의 파이는 3개다. 만약 파이를 30개 생산했고 이번에도 철수가 가장 적게 파이를 만들었다고 생각해보자. 그런데 파이의 개수는 2개이다. 전체 파이는 커졌지만 오히려 2개밖에 받지 못했다면 전자가 더 바람직하다고 보는 관점이다.

이처럼 파이 1개를 갖고도 가치판단을 어떻게 두느냐에 따라 그 결과는 달라진다. 한 사회의 도덕적 가치에 따라 달라지기도 하는 분배의 문제를 무엇이 더 좋거나 나쁘다고 단순하게 생각하기란 어렵다.

경제의 분배를 나타내는 지표

경제에는 분배를 측정하는 여러 지표가 있다. 대표적으로 '소득 5분위 배율', '지니계수', '엥겔계수'를 들 수 있다.

소득 5분위 배율은 전체 가계 소득을 수준에 따라 5등분하고 하위 20%의 소득점유율과 상위 20%의 소득점유율을 비교한다.

$$\text{소득 5분위 배율} = \frac{\text{상위 20\% 소득점유율}}{\text{하위 20\% 소득점유율}}$$

소득 5분위 배율

만약 경제 전체의 소득이 고루 분포되어 있다면 어떨까? 이
는 각각의 소득에 차이가 없다는 뜻이기도 하므로 하위와 상위
의 구분이 필요치 않다. 그렇기에 하위 20%의 소득점유율은 상
위 20%와 같으며 이때의 소득 5분위 배율 값은 1이 된다. 물론
그 반대라면 무한대에 가까울 것이다.

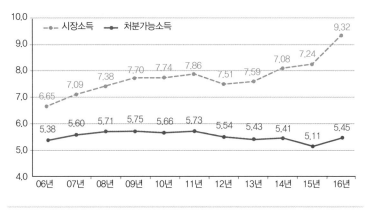

우리나라의 소득 5분위 배율 추이

소득 5분위 배율은 그 값이 작을수록 바람직하다. 우리나라는
소득분배가 악화되다가 최근 감소세로 돌아섰는데, 지금의 추
세를 유지할지 지켜볼 필요가 있다.

지니계수는 인구와 소득의 누적비율을 통해 구한다. 여기서

인구 누적에 따른 소득 누적 점유율을 연결한 선을 로렌츠 곡선이라고 한다. 지니계수의 값은 0에서 1 사이로 나타나는데 아래 그래프의 전체 면적(A+B) 중 A 면적의 크기를 구한다.

만약 소득이 고르게 분배되어 있다면 A 면적은 없고 전부 B 면적만 나타날 것이다. 그렇기에 결과가 0에 가까울수록(A가 작을수록) 불평등이 낮다고 해석한다.

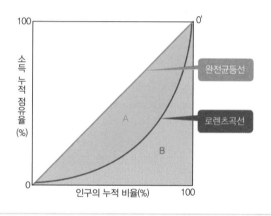

두 면적의 비율을 통해 지니계수를 산출할 수 있다

지니계수는 소득의 누적비율을 나타내는 개념이다 보니 0이나 1과 같은 값이 나오지는 않는다. 또한 지수 값이 급변하지도 않는다. 0.3 내외에서 움직이는데 0.4가 넘으면 불평등 문제가 심하다고 본다. 숫자가 작다 보니 우리 입장에서는 둔감하게 느끼기도 한다.

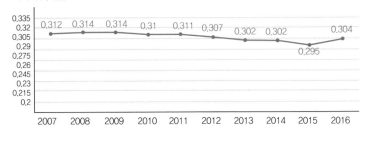

지니계수(비율)

0.312	0.314	0.314	0.31	0.311	0.307	0.302	0.302		0.304	
								0.295		

0.335
0.32
0.305
0.29
0.275
0.26
0.245
0.23
0.215
0.2

2007 2008 2009 2010 2011 2012 2013 2014 2015 2016

우리나라의 지니계수(1인 및 농가를 포함한 전체가구), (출처: 통계청)

'엥겔계수'는 가계의 소비지출 중에서 식료품비가 차지하는 비율을 말하며, 선진국일수록 그 크기가 낮게 측정된다.

'밥상 물가' 급등에… 엥겔계수 17년 만에 최고

동아일보

가계 소비에서 식료품비가 차지하는 비중인 엥겔계수가 17년 만에 가장 높은 수준으로 올라갔다. 소득이 제자리걸음을 한 반면 '밥상 물가'가 가파르게 올랐기 때문이라는 분석이 나온다.

20일 한국은행 국민계정 통계를 분석한 결과 지난해 1·3분기(1·9월) 엥겔계수는 13.8%로 나타났다. 이는 가계의 소비 지출 573조6688억 원에서 식료품 및 비주류 음료품 지출 78조9444억 원이 차지하는 비중을 계산한 것이다. 이 같은 엥겔계수는 2000년 13.9% 이후 가장 높은 것이다. 엥겔계수는 2007년 11.8%까지 떨어졌지만 2008년 12.0%로 오른 뒤 지난해 14%에 육박하는 수준에 이르렀다.

위 기사만 본다면 식료품 물가가 상승한 것으로 해석하기 쉽다. 그 원인도 있겠지만 최근 1인 가구의 증가로 즉석식품이나 편의식 지출이 늘어난 것도 엥겔계수 상승을 가져온 원인 중 하나다. 이외에도 고급 식재료에 대한 수요가 늘면서 지출 규모가 커진 점도 이유로 들 수 있다. 우리나라의 경제 규모에 비춰볼 때 30% 이하로 유지되는 게 적정하다.

'보이지 않는 손'의 실패

시장의 실패

양을 기르는 마을이 있다. 마을 앞에는 공동으로 사용하는 목초지가 있는데, 사람들은 그곳에 자신의 양을 풀어 풀을 뜯도록 하기 시작했다. 서로 앞다퉈 자신의 양을 풀어놓더니, 풀이 미처 자라기도 전에 양들이 뜯게 되면서 목초지는 황폐해졌다.

'공유지의 비극'으로 잘 알려진 이 이야기는 개인의 이기심이 가져오는 공동체의 파멸을 경고하고 있다.

시장은 당사자 간의 자유로운 거래와 그 결과를 중시한다. 보이지 않는 손의 원리에 따른다면 당사자 모두 만족할 수 있는 거래가 이뤄질 수 있기 때문이다. 외부의 개입은 최소한에 그쳐야 하며, 설령 개입이 있더라도 어디까지나 예외적인 일로만 바라보는 게 시장의 원리다.

하지만 사회기반시설을 짓는다던가, 공공의 재산을 관리하는 문제 등에 있어서는 시장의 원리만으로 해결하기 어렵다. 오히려 시장을 믿고 방치할 경우 공유지의 비극과 같은 '시장실패'를 초래한다.

외부효과의 발생

시장실패의 대표적인 사례로 '외부효과'를 소개한다. 시장을 통한 거래가 당사자에 그치지 않고 다른 이에게 의도하지 않은 편익, 또는 손해를 발생시킬 때 "외부효과가 존재한다."라고 한다.

여기서 구분해야 할 점은 "긍정적 외부효과는 좋은 것이고, 부정적 외부효과는 나쁜 것이다. 그래서 긍정적 외부효과를 가져오게끔 노력해야 한다."라는 교훈이 아니다. 경제주체의 행위가 의도치 않게 다른 이에게 영향을 미칠 수 있다는 점이 외부효과의 핵심이다.

"무심코 던진 돌에 개구리 맞아 죽는다."라는 속담이 있다. 경제에도 이런 일이 있다. 인근 발전소로 인해 주위 환경이 나빠졌다든지, 도로가 들어서면서 소음이 심해졌다든지, 축사의 무

단방류로 하천이 오염되는 일을 예로 들 수 있다. 이렇듯 당사자의 생산이나 소비가 제3자에게 피해를 발생시키는 것을 가리켜 '부정적 외부효과'라고 한다. 반면 "호박이 덩굴 채로 굴렀다."라는 말도 있다. 경제에서는 '긍정적 외부효과'라고 한다. 과수원 옆에 양봉장을 할 경우 꿀벌의 영향으로 과수원에 이득이 된다거나 야구경기가 열렸을 때 주변 상가 매출이 오르는 것 등이 해당한다.

제3자를 통한 외부효과 해결

부정적 외부효과는 해당 행위를 근절시킬 수 있는 방향으로 해결해야 한다. 발전소에는 정화시설을 갖추고 도로에는 방음벽을 설치하며, 축사에도 정화조를 갖추는 식이다. 공통점은 당사자들이 스스로 문제를 해결하는 것인데, 추가적인 비용이 들다 보니 최선의 방법으로 보기엔 한계가 있다. 그래서 제3자인 정부가 제도를 운용하거나 벌금을 부과하는 식으로 문제를 해결하고 있다.

긍정적 외부효과는 해당 행위가 지속될 수 있게끔 장려하는 방향으로 해결해야 한다. 과수원 주인이 양봉업자에게 보상금을 주거나 주변 상가에서 야구팀을 후원하는 방법이다. 다만 과수원 주인이나 상가에서 자발적으로 나서야 한다는 점에서 실효성은 낮다고 볼 수 있다. 공짜로 얻는 편익에 굳이 돈을 지불할 리 없기 때문이다. 여기서도 제3자인 정부가 보조금을 주는 식으로 해결할 수 있다.

두 해결책의 공통점은 제3자인 정부가 나선다는 데에 있다. 차이점은 벌금을 주거나 보조금을 주는 것인데, 문제는 그 크기에 있다. 무작정 보조금을 주면 정부의 지출이 많아지고 반대로 과도한 벌금은 경제활동 위축을 가져올 수 있다. 적정 수준의 보조금과 벌금이 필요하다.

요즘 큰 문제로 대두되는 미세먼지를 생각해보자. 한 공장에서 미세먼지 유발물질을 내뿜고 있다. 대기를 오염시키고 우리 몸에 안 좋은 물질을 배출하므로 '부정적 외부효과'에 해당한다.

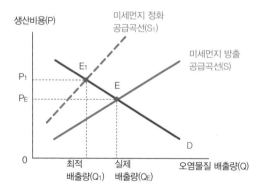

조세부과를 통한 부정적 외부효과의 해결

이 그래프는 미세먼지 오염물질을 내뿜고 있는 공장의 수요·공급을 나타내고 있다. S는 미세먼지를 그대로 방출하는 공급곡선이며 S_1은 미세먼지 정화장치를 설치한 공급곡선이다. 정화장치를 설치한 만큼 단위당 생산비용이 더 높게 나타난다. S와 D가 만나는 점은 Q_E로, 실제배출량을 나타낸다. 정화장치를 설치했을 때의 최적배출량인 Q_1에 비하면 많음을 알 수 있다.

공장이 정화시설을 설치하면 최적배출량만큼 오염물질을 감소시킬 수 있다. 하지만 공장 입장에서는 그만큼 생산비용이 높아지게 되므로 정화장치 설치를 선택하지 않을 것이다.

그럼 이제 정부가 '환경부담금'이라는 이름으로 조세를 부과했다고 생각해보자. 기존의 공장 공급곡선(S)은 조세가 부과된 만큼 우상향한다. 배출량이 줄어들었음을 눈으로 확인할 수 있다. 기업 입장에서는 정화장치를 설치하는 것과 조세를 부담하는 것에 생산량의 차이가 없다.

여기에서도 문제는 있다. 우선 사회적 최적배출량이 어느 정도인지 측정하는 데 한계가 있으며, 기업 활동을 규제하는 데에도 여러 현실적인 어려움이 따른다. 조세를 부과하고 운영하는 것도 결국엔 또 다른 비용 증가를 가져오기 때문이다. 가장 좋은 방법은 공장 스스로 정화장치를 설치하는 것이다.

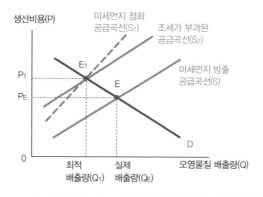

생산비용(P)

미세먼지 정화
공급곡선(S₁)

조세가 부과된
공급곡선(S₂)

미세먼지 방출
공급곡선(S)

E₁

E

P₁

PE

0

최적
배출량(Q₁)

실제
배출량(QE)

오염물질 배출량(Q)

D

조세부과를 통한 부정적 외부효과의 해결

시장의 해결, 탄소배출권제도

탄소배출권제도는 정부가 관련 기업에게 온실가스 허용량을 부여하면 기업들이 배출량을 매매할 수 있도록 허용한 제도이다. 시장의 논리를 적용해 오염물질 배출권을 하나의 상품으로 봤다. 배출량이 많은 기업은 배출권을 사고, 반대로 적은 기업은 배출권을 파는 방식이다.

우리나라 탄소배출권시장은 지난 2015년에 문을 열었다. 2015~2017년은 제1차 계획 기간, 2018~2020년은 제2차 계획 기간으로 운영해오고 있는데 2차 계획 기간에서는 1차 때 미비했던 여러 문제점을 보완할 것으로 보인다.

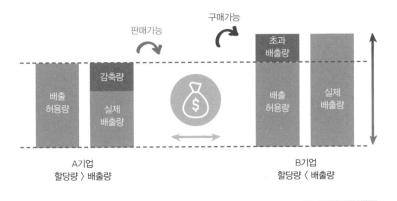

탄소배출권제도의 거래방식 (출처: 환경부)

당사자 간의 해결, 코즈의 정리

최근 층간소음은 서로 간의 배려로 해결할 수 있는 범위를 넘어서 폭력 사태로까지 번지는데, 경제에서는 층간소음 문제의 해결책으로 '코즈의 정리'라는 개념을 소개하고 있다.

위층은 업무상 소음을 발생시킬 수밖에 없는 상황이다. 아래층에 미안한 위층은 보상금으로 5~10만 원의 비용을 지불할 의사가 있다. 반대로 아래층은 7~9만 원의 금액이라면 층간소음을 견뎌낼 의사가 있다. 이 경우 위층이 아래층에 8만 원을 준다면 층간소음 문제를 해결할 수 있다. 이처럼 당사자 간 자발적인 협상을 통해 문제를 해결하는 방식을 코즈의 정리라고 한다.

여기에도 문제점은 있다. 만약 아래층이 제시하는 금액이 12만 원이라면 위층의 지불용의 금액을 넘어서게 되므로 협상은 결렬된다. 또한 당사자 간 협의라고 보기엔 큰 문제들의 경우(지역, 혹은 기업 간의 대립), 협상에 드는 시간과 비용이 너무 커지므로 오히려 정부가 나서는 게 효율적일 수 있다. 코즈의 정리는 당사자 간의 문제를 해결할 수 있는 하나의 방안 정도로 생각해볼 수 있겠다.

공공재, 우리 모두의 몫

외부효과가 의도치 않게 누군가에게 영향을 주는 문제라면, 공공재는 누구도 관심을 두지 않는(혹은 책임지지 않는) 문제다. 공공재는 누구나 소비하려고만 하지, 생산하거나 관리하지 않으려 한다는 특징이 있다.

구분		경합성	
		있음	없음
배제성	있음	민간재 (일반적인 상품, 서비스)	요금재 (한산한 유료도로, 케이블 TV)
	없음	공유재 (정체된 무료도로, 목초지)	공공재 (국방, 치안 서비스)

재화의 구분

경제에서는 경합성과 배제성에 따라 재화를 4가지 형태로 구분하고 있다. 경합성은 누군가가 쓰면 다른 사람은 쓰지 못하는 성질을 말하며, 배제성은 특정 사람을 소비에서 배제할 수 있는 성질을 말한다.

우리가 돈을 주고 사용하는 상품이나 서비스의 경우는 '민간 재'에 해당한다. 당신이 사과를 샀다고 생각해보자. 우선 돈이 있어야 살 수 있으므로 배제성이 있는 셈이다. 그리고 당신이 사과를 사는 순간 다른 사람은 이 사과를 사지 못하므로 경합성 도 갖고 있다.

반면 한산한 유료도로나 케이블 TV는 돈을 내야 쓸 수 있으 므로 배제성이 있다. 그리고 도로가 한산하다면 경합성은 없는 셈이다. 이런 재화를 가리켜 '요금재'라고 한다.

'공유재'는 공유지의 비극을 떠올리면 쉽게 이해할 수 있다. 경합성은 있지만 배제성이 없다 보니 경제에서 가장 관심을 가 져야 할 재화이기도 하다. 마지막으로 '공공재'는 경합성도 없 고 배제성도 없어 주로 정부가 관리하게 된다.

공공재 문제로 '무임승차자의 문제'를 들 수 있다. "목마른 사 람이 우물 판다."는 말처럼 우물이 생기길 기다리면서 서로 눈 치만 보다가, 가장 목이 마른 사람이 우물을 파면 그제야 이용 하는 행위가 대표적이다. 'NIMBY' 문제도 들 수 있다. "Not In My Backyard"라는 뜻으로 경제 전체로 볼 때는 필요한 시설이 지만 자신의 지역에 들어서는 건 반대하는 것이다.

공공재 문제를 해결하기 위해서는 다양한 논의가 필요하다. 인센티브나 비용분담, 운영권 이전 등의 방식으로 경제적 보상을 제공해주는 것도 하나의 방안이지만, 투명한 행정절차와 공정한 정책 추진을 약속해 합의를 이끌 수 있어야 한다. 지역이기주의가 아닌 사회적 대타협으로 바라보는 시각이 필요하다.

지금 당장 필요한, 딱 이만큼의 경제

"경제란 무엇일까?"라는 질문으로 시작한 이야기가 어느덧 1장의 마지막에 이르렀다. 맨큐가 말했던 경제의 의미, '한 사회의 자원을 관리하는 일'이라는 말에 이제는 고개가 끄덕여질 법하다.

지금까지 우리가 다룬 내용은 경제의 기본 원리라고 볼 수 있는 '수요와 공급', 즉 소비자나 생산자와 같은 당사자의 거래에 대해서였다. 자신의 '효용'을 극대화하는 소비자, 손익계산보다 경제적인 '이윤'을 중시하는 생산자, 마지막으로 이들이 만나 '상품'을 거래하는 시장의 모습까지 알아보았다.

이외에도 경제에서 말하는 성장의 의미, 그리고 분배에 따르는 가치판단의 문제, 당사자 간의 거래가 이뤄졌음에도 나타날 수 있는 외부효과, 마지막으로 시장에서 해결하지 못하는 공공재 문제에 대해서도 살펴보았다.

이제는 당신에게 '경제'라는 단순한 말보다 '시장경제'라는 말이 더 친숙하게 느껴졌으면 좋겠다. 그만큼 경제에서 시장이 갖는 중요성은 여러 번 강조해도 지나치지 않다. 또한 경제에서 복잡한 수식을 다루는 이유, 수많은 그래프가 소개되는 이유가 무엇인지 분명히 알 수 있을 것이다.

1장의 내용이 시장을 중심으로 한 미시적인 측면에 주목했다면 이어지는 2장에서는 우리의 경제, '국가 경제'에 관련된 여러 내용을 살펴볼 것이다. 이를 통해 우리 경제가 어떻게 움직이고 성장, 발전해나가는지 생각해보도록 하자.

2장

세상물정의
경제학

경제는 어떻게 나뉘는가

경제를 만든 사람들

개별 경제주체 활동을 '미시경제'라고 하는데, 거시경제는 그 반대의 국가 경제를 가리킨다. 미시경제와 거시경제의 차이는 어디에 있을까? 이를 알기 위해서는 먼저 지금의 경제가 어떻게 시작됐는지부터 살펴볼 필요가 있다.

경제는 인간의 활동, 우리의 일상 그 자체다. 그래서 경제의 시작은 인간이 살아가기 시작한 때부터라고도 한다. 하지만 시장경제라든지 또는 자본주의, 그리고 앞서 소개한 효용이나 이윤과 같은 개념을 살펴볼 때, 분명 지금의 경제를 만들기까지 누군가의 역할이 있었음을 가늠해볼 수 있다.

애덤 스미스, 시장경제의 시작

경제학의 아버지라 불리는 애덤 스미스는 지금의 시장경제의 사상을 마련한 인물로 평가받는다. 경제를 전혀 모르는 사람도 보이지 않는 손이라는 말은 알고 있을 만큼 그가 지금의 경제 형성에 미친 영향은 지대하다. 다만 한 가지 주목할 점은 애덤 스미스 시절의 경제는 경제 그 자체였다는 데에 있다.

당시만 해도 지금과 같이 개별 경제주체를 연구하는 미시경제, 국가 경제를 연구하는 거시경제로 나뉘지 않았다. 효용이나 이윤 추구와 같은 경제이론도 없었으며 오히려 정치나 도덕적 가치 판단을 우선했다. 애덤 스미스도 경제학자로 평가받지는 않았고 도덕 철학자로 명성이 높았다. 그가 쓴 『국부론』도 시장경제의 발판을 마련했다는 평가를 받는 단계였지, 그 자체로 경제학이라는 학문이 설립되지는 않았다.

시간이 지나며 시장경제가 점차 확대됐고, '산업혁명'이라는 큰 사건을 거치며 도약기에 접어들었다. 새로운 경제체제인 '자본주의'가 등장하는 순간이었다. 하지만 자본주의는 경제의 불평등 문제를 초래했고, 마침내 한 경제학자의 등장으로 자본주의는 큰 전환점을 맞이하게 된다. 그가 바로 칼 마르크스Karl Marx이다.

칼 마르크스, 자본주의와 대립하다

마르크스는 애덤 스미스가 세상을 떠난 30여 년 후 1818년 독일에서 태어났다. 법학과 철학을 공부했던 그는 졸업 후 언론활동을 하게 되는데, 이때 경제 문제에 눈을 뜬다.

그는 종일 일 하고도 가난과 굶주림에 시달리는 노동자의 참혹한 현실을 목격하면서 자본주의를 비판했다. 영국으로 망명한 이후에도 활동을 계속해나갔는데 자본주의가 멸망하고 새로운 경제가 등장할 거라 예언했다. 이러한 사상을 담아 출간된 책이 바로 『자본』이다.

『자본』이 공산주의에 대한 내용이라고 생각하기 쉽지만 오히려 자본주의를 철저히 분석하고 비판한 책에 가깝다. 그 내용을 보면 상품과 화폐, 가치, 자본의 순환과 축적 등 자본주의적 생산양식과 그 운동 과정을 자세히 소개하고 있다.

그의 사상은 노동자 계층의 열렬한 지지를 받았으며, 지상낙원을 꿈꾸는 청년들의 마음을 사로잡았다. 마침내 공산주의는 소련이라는 국가 수립으로 현실화되기에 이른다.

이제 세계는 자본주의와 공산주의라는 커다란 두 이념으로 나누어졌다.

칼 마르크스Karl Heinrich Marx

공산주의 혁명가이자 사상가, 동시에 경제학자이자 철학자로 마르크스주의를 창시했다. 사실 분단과 전쟁의 경험을 겪은 우리나라에서 마르크스를 꺼내는 것은 매우 조심스러운 일이다. 특히 민주화가 이뤄지기 전 그의 책은 금서에 가까웠다. 하지만 사회학, 철학, 경제학 등 여러 분야에서 그를 빼고 논하는 건 쉽지 않을 만큼 그가 미친 영향은 매우 크다.

자본주의와 공산주의, 시장경제와 계획경제의 대립이 지속되면서 세계는 냉전의 시대를 맞이한다. 그러던 중 미국에서 대공황이 발생했다. 자본주의 진영에서는 경제체제 자체를 위협받는 큰 사건이었다. 자본주의의 붕괴까지 우려되던 절체절명의 순간, 구세주처럼 한 경제학자가 등장한다. 당시 위기를 극복할 해법을 제시하는데, 그가 바로 케인즈다.

케인즈, 자본주의를 구해내다

애덤 스미스 이후의 경제는 개인 간의 자유로운 거래를 중시한다는 입장이었다. 정부의 개입은 불필요하며, 설령 있다 하더라도 최소한에 그쳐야 한다는 원칙을 고수했다. 특히 마르크스의 등장과 함께 공산주의 사상이 대두되면서 자본주의는 더욱 강경해졌는데, "시장경제를 수호해야 한다."라는 말이 여기저기서

터져 나왔다.

하지만 대공황이 발생하자 상품은 재고로 쌓여만 갔고 거리에는 실업자가 넘쳐났다. 자본주의 진영에서도 "뭔가 대응책이 있어야 하지 않겠는가?"라는 걱정과 함께 위기의식이 높아져만 가는 이때 등장한 케인즈는 '유효수요'라는 개념을 창안했다. 정부의 개입을 통해 인위적으로라도 경기를 부양시켜야 한다는 것이었다.

그의 이론은 당시 뉴딜과 맞물리며 경제 부양에 큰 역할을 수행하게 되고, 훗날 많은 국가가 정부 주도의 경제정책을 도입하면서 '케인즈 혁명'으로까지 불리게 된다. 또한 그의 이론을 따르는 경제학자들을 중심으로 일군의 학파를 형성하게 되는데, 이를 '케인즈학파'라고 하며 지금의 거시경제에 이른다.

케인즈의 사상이 중요한 이유는 정부를 강조한 데 있다. 그는 "시장에 맡기는 것보다 때로는 적극적으로 정부가 개입할 필요가 있다."라는 인식의 전환을 가져왔다. 경제를 공부하다 보면 한 번은 듣게 될 것이다.

미시는 애덤 스미스, 거시는 케인즈, 공산주의는 마르크스

구분	애덤 스미스	칼 마르크스	케인즈
생애	1723~1790	1818~1883	1883~1946
연결	미시경제	마르크스 경제	거시경제
저서	국부론	자본	일반이론
평가	경제학의 아버지	공산주의의 창시자	자본주의의 구세주

경제학의 3대 인물이라 평가받는 애덤 스미스와 칼 마르크스, 케인즈

미시와 거시, 무엇이 다른가?

애덤 스미스가 『국부론』을 출간한 시기는 1776년이다. 반면 케인즈가 『일반이론』을 쓴 때는 1936년이다. 이처럼 미시경제와 거시경제는 출발의 시점부터가 다르기 때문에 미시는 나무, 거시는 숲이라는 단순한 기준으로 구분하는 건 적절하지 않다. 개인의 자유로운 거래에 주목한다면 미시경제, 정부의 개입을 통해 경제를 관리하며 성장시켜 나가는 것을 거시경제라고 보면 된다.

미시경제의 구조

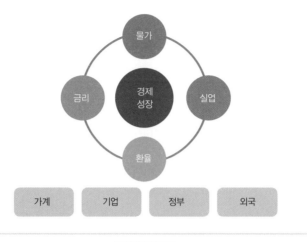

거시경제의 구조

각각의 특징에 주목하자

수요와 공급의 원리로 체계화된 미시경제와 비교해 거시경제는 여전히 많은 논쟁과 연구가 계속되고 있다. 대표적으로 '필립스 곡선'을 들 수 있겠다. 영국의 경제학자였던 필립스A.W.Phillips가 1958년에 발표한 논문을 통해 알려진 이 내용은 '물가상승률과 실업률 사이에 상충관계가 있다.'는 내용이었다.

우리가 알기론 물가상승률과 실업률이 모두 낮아야 바람직하다. 그런데 둘의 관계가 반대라는 결과가 나왔기에 당시 경제학계에 미친 파장은 대단히 컸다. 실업률을 낮추려면 물가가 상승하는 문제가 생기고 반대로 물가를 안정시키려면 실업률이 높아지는 문제가 나타난다는 해석이었으니 말이다. 두 마리 토끼를 모두 잡을 수 없는 상황에 봉착한 순간이었다.

그렇다면 해결책은 무엇이었을까? 당시에는 "적정지점을 찾으면 되겠다."라는 생각으로 연구했다고 한다. 두 마리 토끼를 잡을 수 없으면 차라리 한 마리를 잡는 데에 집중한다는 것이었다. 하지만 이제는 물가를 높이지 않고도 실업률을 낮출 수 있는 이론이 소개되고 있다. 이처럼 거시경제는 미시경제와 달리 경제 상황에 따른 다양한 논쟁과 연구가 계속되고 있다.

이제 우리는 살만한 걸까?

국민소득지표

거시경제를 공부할 때 가장 중요한 점은 국가 경제 전반의 흐름을 읽는 것에 있다. 이를 위해서는 '경제지표'를 알아야 한다.

경제기사를 보면 자주 접하는 지표들이 있다. 코스피KOSPI 지수라든지 원·달러 환율, 기준금리, 채권 수익률 등이 대표적이다. 이를 경제지표라고 한다. 이 지표들은 소비나 투자, 무역, 고용 등 경제 각 영역의 움직임을 나타내고 있지만 개별 영역을 대상으로 하는 지표다 보니 국가 경제 전반을 종합적으로 해석하는 데에는 적절하지 않다.

경제에서는 국가 경제 전반을 가리켜 '국민소득'이라고 하며,

국민소득을 나타내는 지표를 '국민소득지표'라고 한다. GDP는 가장 대표적인 국민소득지표다. 경제를 잘 모르는 이들도 GDP는 알고 있다 보니 '국민소득지표 = GDP'로 해석하는 경우가 많다. 그러나 국민소득을 측정하는 지표는 GDP 이외에도 다양하다.

국내총생산(GDP)

GDP Gross Domestic Product는 '한 나라의 영역 내에서 모든 경제주체가 일정 기간 생산해낸 재화 및 서비스의 시장가치 총합'을 의미한다. 간단한 문장이지만 이 속에 국가 경제 전반을 측정하는 기준이 담겨 있다.

'한 나라의 영역 내에서 모든 경제주체'라는 말은 장소의 개념이다. 만약 외국인이 우리나라에서 상품을 생산했다면 그 상품의 가치는 우리나라의 GDP에 해당한다. 외국인이라 하더라도 장소가 우리나라 영토 내이기 때문이다.

반대로 우리나라 사람이 중국에서 상품을 생산하는 경우가 있다. 이때는 우리나라의 GDP에 포함되지 않는다. 대신 중국의 GDP에 포함된다. 우리나라 사람이 생산했음에도 국민소득에 포함되지 않는다는 게 조금 의아할 수 있는데, 여기에 맞는 국민소득지표도 있다. GNP Gross National Product이다. 국민총생산을 뜻하며 GDP와 기준이 다를 뿐이다.

기간은 보통 1년을 기준으로 한다. 우리나라의 경우 한국은행에서 분기별로 산출된 값을 발표하고 있는데 만약 분기별 GDP 성장이 0.8%이었다면 한 해 경제성장은 3.2%가 되는 셈이다.

'재화 및 서비스의 시장가치 총합'이란 한 해 동안 최종적이면서 새롭게 생산해 낸 재화와 서비스만 대상으로 한다는 뜻이다. 농부가 쌀을 생산했을 때, 쌀은 그대로 소비자에게 판매될 수도 있고 빵집에 재료로 판매될 수도 있다. 소비자에게 판매된 쌀은 바로 소비되므로 이때의 쌀은 최종 생산물로 GDP에 포함된다. 하지만 빵집에 판매될 경우 최종 생산물은 빵이 되므로 이때의 쌀은 최종재가 아닌 중간 생산물로 GDP에 포함되지 않는다.

GDP의 시장가치를 알 수 있는 대표적인 사례는 중고차다. 2015년식 중고차가 있다고 해보자. 지금 시점에서 이 차는 분명 중고차다. 그리고 2015년에 생산됐으므로 그 가치는 2015년의 GDP에 포함됐을 것이다. 그런데 중고차 판매자가 이 차를 1,000만 원에 구매해서 1,050만 원에 판매했다고 하자. 그러면 50만 원은 올해의 GDP에 포함된다. 판매 과정에서 새롭게 50만 원이라는 부가가치를 창출했기 때문이다.

GDP의 등장 배경

GDP는 국가 경제를 측정하는 지표이다 보니 경제를 계획하거나 정책을 준비할 때 만들어졌을 거라 예상한다. 하지만 오히려 그 반대다. GDP는 미국의 경제가 어려웠던 대공황을 계기로 만들어졌다. 물론 그 전에도 국민소득이라는 논의는 있었지만 그리 큰 관심을 받지는 못했다.

대공황 당시 주가가 폭락하고 많은 기업과 은행이 문을 닫았다. 경제 전체가 불황의 그늘에 드리워져 있었다. 그런데 이 문제점을 파악하려니 개별 지표로는 한계가 있었다. 그렇게 국민소득지표의 필요성을 인식하게 된 것이다.

그리고 1·2차 세계대전을 겪고 난 후의 유럽은 경제 재건에 있어 필요한 자원이 제대로 활용되는지를 파악하는 일이 매우 중요한 문제였다. 그 과정에 GDP는 각국의 경제 분석 및 정책 결정에 활용되기 시작했고 마침내 "20세기의 위대한 발명 중 하나"라는 찬사까지 받게 된다.

경제 수준을 전반적으로 파악하고 있을 때와 그렇지 않았을 때. 위기가 발생할 경우 어느 쪽이 현명하게 대처할 수 있는지는 굳이 설명하지 않아도 알 수 있다. 그렇기에 GDP의 중요성은 아무리 강조해도 지나치지 않는다.

명목GDP와 실질GDP

GDP는 크게 '명목GDP'와 '실질GDP'로 구분할 수 있다. 명목 GDP는 해당연도의 생산량과 가격을 곱한 것이고, 실질GDP는 기준연도의 생산량과 가격을 곱한 것이다.

어느 경제의 2010년 전체 생산량이 커피 2잔과 빵 5개라고 하자. 커피 1잔의 가격이 5,000원이고 빵 1개가 2,000원이라고 한다면 이때의 GDP는 20,000원이 된다. 그런데 한 해가 지났음에도 생산량에는 변화가 없고 물가만 50% 올랐다면 어떨까? 그럼 커피 1잔은 7,500원, 빵 1개는 3,000원이 되며 GDP는 30,000원이 된다.

생산량에는 아무런 차이가 없고 단지 물가만 변했을 뿐인데 GDP가 오른 것처럼 나타난다. 이때 경제가 성장했다고 볼 수 있을까? 여기에서 핵심은 물가변동을 어떻게 고려하느냐에 있다.

명목GDP는 물가변동을 고려한 GDP이다. 그래서 명목GDP를 살펴보면 현시점의 물가를 감안하여 판단할 수 있다. 반대로 실질GDP는 생산량에 기준을 두고 기준연도의 물가를 계산한다. 극단적으로 어느 경제에서 생산량에는 아무 변화가 없고 물가만 오른다면 명목GDP는 작년보다 커지겠지만 실질GDP는 작년과 아무런 차이가 없을 것이다.

명목GDP와 실질GDP의 비율을 비교하면 물가수준의 변동을 알 수 있는데, 이를 'GDP디플레이터'라고 한다. GDP디플레이터는 국가 내 거래되는 모든 재화와 서비스를 대상으로 하는 종합적인 물가지수다.

$$\text{GDP디플레이터} = \frac{\text{명목GDP}}{\text{실질GDP}} \times 100(\%)$$

GDP디플레이터

측정에는 한계가 있다

GDP는 국민소득을 측정하는 가장 대표적인 지표이지만 시장에서 거래되지 않는 재화나 서비스는 GDP에 포함되지 않기 때문에 시장 중심의 지표라는 한계가 있다. 대표적으로 주부의 가사노동을 들 수 있다. 가사노동은 시장가치를 평가하기 어렵다는 이유로 GDP에 포함하지 않는다. 하지만 이 주부가 임금을 받고 청소 도우미로 활동한다면 GDP에 포함된다.

숨어있는 지하경제도 마찬가지다. 실질적인 가치와 거래가 있음에도 경제통계에 잡히지 않는 활동이지만 우리나라의 경우 전체 GDP의 8%를 웃도는 수준(2015년 기준, 조세재정연구원 보고서)으로 조사되고 있다.

국민들의 생활환경이나 삶의 질을 측정하지 못한다는 점도

GDP의 한계다. GDP가 아무리 높다고 하더라도 국민들이 장시간 노동에 시달리고 삶의 행복을 느끼지 못한다면 경제가 성장했다고 보기 어렵다. 또한 GDP는 생산 측면만 주목하다 보니 소득 재분배를 판단하는 데도 한계가 있다. GDP가 비슷한 국가라 하더라도 빈부격차가 적은 곳도 있지만 큰 곳도 있는데 이와 같은 이유에서다.

우리의 생활 수준은?

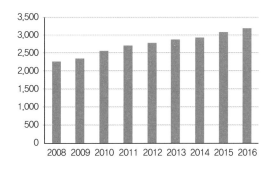

1인당 명목 국민총소득을 나타내고 있다 (단위: 만원, 출처: 한국은행)

"국민소득 3만 달러를 눈앞에 두었다."라는 말을 하는데 여기에서 국민소득은 GDP가 아닌 GNI Gross National Income, 국민총소득를 기준으로 한다. GNI는 GDP에 '국외순수취요소소득'을 더한 값이다. 국외순수취요소소득은 해외에서 벌어들인 소득에서 국내의 외국인이 벌어들인 금액을 차감한 것인데, 우리나라의 경우 해외에서 벌어들이는 소득이 더 높다 보니 GDP보다 조금 크다.

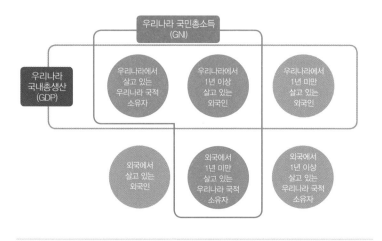

GDP(국내총생산)와 GNI(국민총소득)의 구분 (출처: 한국은행)

'국민소득 3만 달러'는 원·달러 환율을 1,000원으로 계산했을 때 우리 돈 약 3,000만 원에 가깝다. 우리 국민 한 명이 평균 3,000만 원의 소득을 올린다는 뜻으로 4인 가족이면 1억 2,000만 원의 소득이다.

이 정도면 살만하지 않을까?

하지만 그리 와 닿지 않는 수치다. 그만큼 소득 불평등 문제가 심화됐기 때문이다. 일각에서 "국민소득 3만 달러에 맞춰 삶의 질을 개선해야 할 때"라고 주장하는 것도 이와 같은 이유에서다. 행복은 GDP 순이 아님을 생각해볼 때이다.

세상물정의 요소

경제의 주인공

가계, 기업, 그리고 정부는 우리 경제를 이끌어가는 경제주체다. 개별 거래에서는 수요와 공급, 그리고 상품을 거래의 3요소라고 하였는데 이와 같은 원리다.

가계와 기업은 각각 생산과 소비를 대표하며 국가 경제의 두 축이라고도 불릴 만큼 중요한 역할을 담당한다. 물론 정부도 빼놓을 수 없다. 다만 정부는 생산과 소비의 주체이기보다는 가계와 기업을 연결 짓고 보조하는 역할이다. 종종 경제가 과열되거나 불황에 빠질 경우 이를 적극적으로 해소하는 임무를 수행한다는 점에서 중요성이 드러난다.

서로의 관계

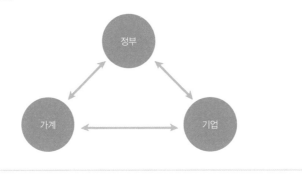

경제의 3주체

국가 경제에서는 전체적인 조망이 중요하므로 각각의 관계부터 알아볼 필요가 있다. 먼저 가계와 기업의 관계부터 생각해보자. 위 그림을 보면 화살표가 양방향으로 나타나 있다. 가계와 기업이 단방향으로 소통하는 게 아니라 서로 간에 주고받는다는 매개체가 있다.

가계는 기업에 노동력을 제공하고, 기업은 그에 따른 임금을 지급한다. 그리고 기업이 상품을 생산하면 가계에서 그 상품을 소비한다. 여기서 노동과 임금의 관계를 '생산요소시장', 그리고 상품의 생산과 소비 관계를 '생산물시장'이라고 한다. 생산요소시장은 생산에 필요한 요소가 거래되는 시장으로 주로 노동을 대상으로 한 취업시장을 생각해볼 수 있다.

가계와 정부의 관계에서도 양방향으로 나타나 있는데 간단하게 '세금'을 떠올리면 된다. 가계가 정부에 세금을 내면 정부는 그 돈으로 국가를 운영하고 공공서비스를 제공한다.

기업과 정부의 관계도 가계와 정부 관계와 유사하다. 기업이 정부에 세금을 내면 정부는 이에 따른 여러 서비스를 제공한다. 정부의 지원이나 규제에 따라 기업의 경제활동이 활발해지거나 위축되기도 한다.

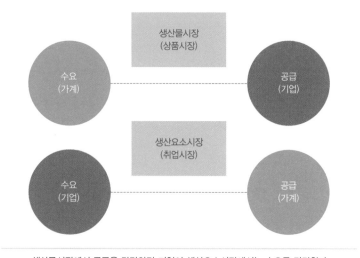

생산물시장에서 공급을 담당하던 기업이 생산요소시장에서는 수요를 담당한다

경제의 뿌리, 가계

뿌리가 튼튼해야 나무가 잘 자라듯이 튼튼한 가계는 우리 경제

를 성장시키는 버팀목이 된다. 그런 의미에서 가계는 경제의 뿌리라고 할 수 있다.

아래 표는 국민총소득 대비 각 경제주체의 비중을 나타내고 있는데, 살펴보면 가계의 비중이 월등히 높음을 알 수 있다.

	1980	1990	2000	2005	2010	2011	2012	2013	2014	2015
기업	14	17	17.6	21.3	25.7	25.8	25.8	25.2	24.8	24.6
정부	13.9	13	14.5	13.8	13.9	13.7	13.4	13.3	13.1	13.4
가계	72.1	70.1	67.9	64.8	60.4	60.5	60.8	61.5	62.1	62

국민총소득(GNI) 대비 제도부문별 소득 비중 추이 (출처: 국회예산정책처 재정통계)

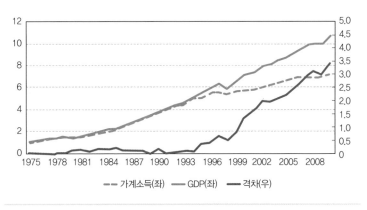

GDP와 가계소득의 증가 추이 비교 (출처: 산업연구원)
* (실질)GDP와 (실질)가계소득은 모두 1975=1로 지수화

문제는 가계의 비중이 점차 작아진다는 데에 있다. 경제는 꾸

준히 성장했는데 비중이 작아졌다는 건, 가계소득이 그만큼 오르지 않았다는 뜻이다. 표 아래 그래프를 보면 가계소득 증가율이 GDP 성장률을 따라잡지 못하는 걸 확인할 수 있다. 가계소득을 높일 수 있는 정책을 고민해야 할 때이다.

경제의 기둥, 기업

우리 경제의 뿌리가 가계라면 기업은 기둥이라고 볼 수 있다. 대기업은 큰 기둥, 중소기업은 비교적 작은 기둥이라고 보는데, 대기업이 흔들리면 국가 경제가 흔들린다고 할 만큼 우리 경제에서 기업이 갖는 중요성은 매우 높다.

이러한 기업의 특징은 변동성에 있다. 경제에서 기업이 담당하는 역할은 생산, 투자 활동이다. 그런데 투자는 경기의 영향을 크게 받다 보니 경기가 극단적으로 안 좋을 경우에는 투자 자체가 이뤄지지 않을 수 있다. 반면 경기가 호황일 경우에는 기업이 외부 자금을 끌어오면서라도 투자에 집중하게 된다.

기업의 경기전망을 가리키는 지수로는 대표적으로 '기업경기실사지수(BSI)'가 있다. 100을 기준으로 이보다 높으면 경기 호전을 전망하는 기업이 많다는 뜻이고 100보다 낮으면 경기 악화를 전망하는 기업이 많다는 뜻이다. 아래 그래프를 살펴보면 최근 기업들이 경기를 바라보는 전망이 그리 좋지만은 않다고 읽을 수 있다.

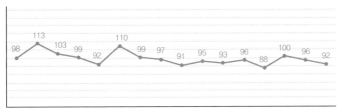

분기별 제조업 경기실사지수(BSI) 전망 현황 (출처: 통계청)

경제의 관리, 정부

정부는 가계와 기업을 중심으로 경제를 관리하는 역할을 한다. 정부를 가리켜 운동경기의 심판이라고 보는 것도 이와 같은 이유에서다. 경기가 과열 상태에 놓이거나 침체에 빠지면 정부가 나서 문제를 해결하는 것이다.

경제에서는 정부의 활동을 '재정'이라고 하는데, 크게 수입과 지출로 나눌 수 있다. 수입으로는 세금, 채권 발행을 들 수 있으며 지출은 공공사업이나 국방, 복지 등을 들 수 있다. 수입이 지출보다 많으면 '재정 흑자'고, 반대로 지출이 수입보다 많으면

'재정 적자'다.

보통 재정 적자보다는 재정 흑자가 낫다고 할 수 있는데 꼭 그런 것만은 아니다. 재정 흑자를 다르게 보면 경제의 거래 주체인 가계와 기업이 아닌 정부가 돈을 쥐고 있다는 뜻이다. 그렇다 보니 적절한 시기에 필요한 재정정책을 펼치지 않는다면 오히려 나쁜 결과를 가져올 수 있다.

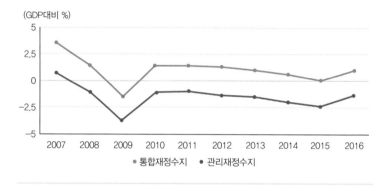

통합재정수지와 관리재정수지

정부의 재정은 크게 '통합재정수지'와 '관리재정수지'로 구분한다. 통합재정수지는 당해 연도의 일반회계, 특별회계, 기금을 모두 포괄한 수지다. 쉽게 말하면 정부의 총수입에서 총비용을 뺀 값이라고 보면 된다. 관리재정수지는 통합재정수지에서 사회보장성기금 수지를 제외한 것으로 정부의 재정 건전성을 판단할 때 쓰인다.

재정 건전성이 중요한 이유는 국가 경제의 위기를 대비하는 데 있다. 만약 기업 실적이 부진하고 가계 소비가 위축된다면 정부가 나서서 경기를 활성화시켜야 하는데 평소 정부가 재정 건전성을 게을리하고 부채만 쌓여있다면 이런 역할을 하지 못하게 된다. 또한 재정 적자가 클 경우에는 경제의 잠재성장력이 저하되고 미래세대에 대한 조세 부담이 가중되는 문제가 발생한다.

대외거래, 외국

가계와 기업, 그리고 정부를 가리켜 '국민경제'라 하고 여기에 외국까지 포함한 것을 '국제경제'라고 한다. 우리나라의 경우는 수출입이 큰 비중을 차지하는 만큼 경제를 분석할 때 해외 부문을 고려하는 것은 필수다.

순위	2015	2016	2017
1	반도체	반도체	반도체
2	자동차	자동차	선박해양구조물 및 부품
3	선박해양구조물 및 부품	선박해양구조물 및 부품	자동차
4	무선통신기기	무선통신기기	석유제품
5	석유제품	석유제품	평판디스플레이 및 센서
6	평판디스플레이 및 센서	자동차부품	자동차부품
7	자동차부품	평판디스플레이 및 센서	무선통신기기
8	합성수지	합성수지	합성수지
9	철강판	철강판	철강판
10	플라스틱 제품	컴퓨터	컴퓨터

10대 수출품목 (출처: 한국무역협회 K-stat)

위 표는 지난 3년간의 10대 수출품목을 나타내고 있다. 특히 반도체, 자동차, 선박은 '수출 효자'로 불릴 만큼 우리 수출을 이끌어 온 대들보이다. 30여 년만 하더라도 수출 1위 품목이 의류였던 것에 비춰보면 엄청난 변화와 성장을 이뤄냈음을 알 수 있다.

순위	2015	2016	2017
1	원유	원유	원유
2	반도체	반도체	반도체
3	천연가스	무선통신기기	반도체제조용 장비
4	석유제품	천연가스	천연가스
5	무선통신기기	석유제품	석탄
6	자동차	자동차	석유제품
7	석탄	컴퓨터	무선통신기기
8	컴퓨터	선탁	컴퓨터
9	의류	반도체제조용 장비	자동차
10	정밀화학원료	의류	정밀화학원료

10대 수입품목 (출처: 한국무역협회 K-stat)

10대 수입품목을 살펴보면 1위는 원유다. 그리고 2위가 반도체인데, 수출 1위의 반도체가 수입에도 있다 보니 조금 의아할 수 있다. 반도체 재료와 장비의 수입 비중이 높은 데서 나온 결과다. 이외에도 천연가스, 자동차 등이 대표적인 수입품목이다.

소비자와 투자자

소비는 어떻게 이뤄지는가

가계의 소비가 어떻게 이뤄지는가에 대한 문제는 꽤 오랜 시간 동안 논의되어 왔다. 미국 대공황 당시 상품은 넘쳐나는데도 팔리지 않는 현상이 발생하면서 가계 소비의 중요성이 처음 제기됐고 점차 많은 연구가 이뤄지면서 지금에 이르렀다.

가계 소비를 설명하는 첫 번째 모형은 케인즈의 소비함수다.

가계 소비는 절대적으로 소득의 영향을 받는다.

가장 단순한 모형으로 '절대소득가설'이라고 한다. 여기서 C와
Y는 각각 소비와 소득, C_0는 기초소비, b는 한계소비성향을 의
미한다.

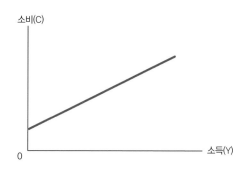

케인즈의 소비함수(절대소득가설)

$$C = C_0 + bY$$

절대소득가설에서는 기초소비와 한계소비성향으로 구분한다

그래프를 살펴보면 C 축을 통과하는 형태로 나타나는 데 이
는 기초소비(C_0) 때문이다. 소득이 없더라도 기본적인 생계를
위한 소비는 이뤄진다는 뜻이다. 한계소비성향(b)은 소득 중 소
비가 차지하는 비율이다. 한 달에 300만 원을 버는 사람의 한계
소비성향이 0.8이라면 240만 원은 소비에 쓰고 나머지는 저축

한다고 읽을 수 있다.

두 번째 모형은 '항상소득가설'이다. 여기서는 소득(Y)을 항상소득(Y_p)과 기초소득(Y_r)으로 구분한다. 소득을 좀 더 구체화한 모형이라고 할 수 있겠다.

$$Y = Y_p + Y_r$$

항상소득가설

항상소득은 주로 월급이나 임대료와 같이 안정적이며 장기적으로 예측할 수 있는 소득을 말하고 임시소득은 비정기적이고 일시적으로 얻는 소득을 뜻한다. 이 가설에 따르면 만약 당신이 복권 당첨으로 1억 원을 얻더라도 당첨금은 임시소득으로, 당신의 소비에 영향을 주지 못한다.

항상소득가설이 의미하는 바는 항상소득의 중요성에 있다. 만약 정부가 소비를 증가시키기 위해 일시적, 선심성 조세감면을 한다면 소비에 별 영향을 주지 못한다. 일시적인 감면이기 때문에 임시소득에만 영향을 줄 뿐 항상소득에는 영향을 줄 수 없다. 정책의 효과를 기대하기 위해서는 장기적으로 이뤄져 국민들의 항상소득에 변화를 주어야 한다는 게 주요 내용이다.

가계소비를 나타내는 세 번째 모형인 '생애주기가설'은 소비

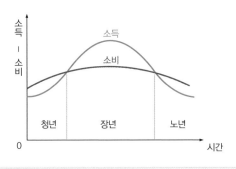

생애주기가설

가 전 생애의 소득에 따라 결정된다고 본다. 그래프를 살펴보면 가로축은 전 생애(시간)를 나타내고 있으며 세로축은 각 시기의 소득과 소비를 나타내고 있다.

청년기와 노년기에는 소득보다 소비가 크고 장년기에는 소득이 더 높다. 이는 청년기에는 학교에 다니고 노년기에는 은퇴하는 점에 비춰볼 때 쉽게 이해할 수 있다. 장년기는 일을 하므로 소비보다 소득이 높을 시기다.

생애주기가설은 개인의 인생 전반의 소득과 소비를 대상으로 한 관점이니만큼 개인 재무설계 영역에서 자주 소개된다.

가계소비가 어떻게 이뤄지는지에 대한 세 가지 모형을 보면, 소득이 있어야 한다는 점은 비슷하다. 하지만 소비를 바라보는 관점은 조금씩 다름을 알 수 있다.

투자는 어떻게 이뤄지는가

가계가 소비를 담당했듯이 기업은 투자를 담당한다. 기업의 투자에 대해서도 많은 연구가 있었다. 대표적인 이론이 '현재가치법'이다.

$$FV = \frac{PV}{(1+r)}$$

현재가치법

1년 뒤에 10억 원의 수익을 가져다주는 투자안이 있고 투자비용이 9억 원이라고 하자. 그리고 시중 금리(r)는 10%다. 다른 대안을 고려하지 않는다고 할 때 이 투자안을 선택할 수 있을까? 미래가치(FV)인 10억 원을 금리인 10%(1.1)로 나누면 약 9.09억 원이 나온다. 그런데 지금 투자에 필요한 비용은 9억 원밖에 되지 않는다. 당연히 기업은 투자를 선택할 것이다. 시중 금리라는 기회비용을 고려하는 만큼 합리적인 방안이다.

기업투자를 설명하는 두 번째 모형은 '토빈의 q'이다. 주로 주식시장에서의 투자를 나타내는 개념으로 쓰인다. "달걀을 한 바구니에 담지 말라."라는 말을 기억하는가? 분산투자를 강조하는 이 말을 남긴 경제학자 제임스 토빈James Tobin의 이름을 딴 것이다.

146

$$\text{토빈의 q} = \frac{\text{시장가치}}{\text{대체비용}}$$

토빈의 q

어느 기업의 공장이나 기계를 실물로 대체하는데 드는 비용보다 현재 시장가치가 높다고 가정해보자. 주식을 모두 팔면 기업의 실물을 사고도 돈이 남는다는 뜻이다. 해당 기업의 사업전망이 좋거나 수익성을 인정받는 경우가 여기에 해당한다. 그래서 토빈의 q 값이 1보다 크면 투자 대상으로 본다.

반대로 토빈의 q가 너무 높으면 주의해야 할 필요가 있다. 지난 2000년 닷컴 버블 때 미국시장에서 토빈의 q는 1.6 이상이었다. 그만큼 과대평가 받고 있다는 뜻이므로 어느 순간 급락할 수 있음에 주의해야 한다.

이외에도 기업투자를 설명하는 다소 독특한 개념이 있는데 바로 '야성적 충동'이다. 영어로는 Animal Spirit으로, 직역하면 '동물적인 본능'이라고 읽을 수 있겠다. 이 말을 쓴 이는 바로 케인즈였다. 그는 투자에 있어서 손익보다 기업가의 심리나 의지를 강조했다.

경제가 불확실할 때에는 투자가 늘어날까, 줄어들까? 일반적으로는 줄어들 것이다. 하지만 야성적 충동 관점에서 보면 결과는 달라진다. 오히려 불확실함 속에서 투자를 늘려 이윤을 얻고자 하는데, 이는 기업가만이 갖는 야성적 충동에서라는 게 이유다.

경제의 혈액

금융이란 무엇일까

이번에는 여러분이 좋아할 만한 주제다. 바로 '금융'이다. 금융이라는 말 그 자체를 해석하면 '자금의 융통'을 의미하는데, 우리가 물건을 사고 그 값을 지불하는 것이나 돈을 은행에 저축하는 것, 또는 빚을 져서 그에 따른 이자를 갚는 것 등 돈의 움직임에 대한 내용이라면 모두 금융이다.

그러면 돈은 무엇일까? 돈을 가리켜 '화폐'라고 하는데, 정확히 말하면 돈과 화폐에는 차이가 있다. 조선 시대의 상평통보를 떠올려보자. 분명 화폐다. 하지만 유통되는가? 박물관에나 가야 볼 수 있는 돈이다. 이처럼 유통되지 않는 돈은 가치가 없다. 그렇기에 우리가 흔히 말하는 돈이란 "현재 유통되고 있는 화폐"라는 뜻의 통화가 올바른 표현이다.

화폐의 기능

당신이 개당 1,000원에 판매되는 사과를 10개 사고자 할 경우 지불해야 하는 금액은 10,000원이다. 여기서 중요한 것은 지불 금액이 아닌 지불 방법에 있다.

10,000원을 지불하는 방법에는 여러 가지가 있다. 만 원 지폐 한 장을 낼 수도 있고, 또는 천 원 지폐 열 장을 낼 수도 있다. 여기서 우리는 화폐의 기능을 다음과 같이 정리해볼 수 있다.

화폐의 기능

화폐가 갖는 첫 번째 기능은 '교환의 매개'다. 위 경우 당신이 사과 10개를 사고 만 원 지폐를 한 장 건넸다고 생각해보자. 사과장수는 왜 만 원 지폐를 받았을까? "왜 받았을까?"라는 질문이 오히려 부자연스럽게 느껴질 것이다. 물건을 팔고 돈을 받는 건 자연스러운 현상이니 말이다. 경제에서는 '화폐경제'라고 하는데, 이는 물물교환과 가장 큰 차이점이기도 하다.

두 번째 기능은 '가치의 척도'다. 우리는 사과 한 개를 가리켜 1,000원이라고 했다. 그런데 사과 가격이 5,000원이라면 어떨까? 상대적으로 비싸졌다고 느낄 것이다. 사과에 '나는 비싼 사과다.'라고 쓰여 있지 않음에도 말이다. 이처럼 화폐는 그 대상의 가치를 재는 기능이 있다.

세 번째 기능인 '가치의 저장'이란 구매력을 뜻한다. 만약 당신이 천 원권 지폐를 가지고 있다면 이 지폐는 내일도 천 원이며 모레에도 천 원일 것이다. 1,000이라고 쓰인 이 지폐 속에는 그 숫자만큼의 가치가 담겨 있다. 물론 물가가 상승하면 살 수 있는 상품의 양은 줄어들겠지만, 여전히 천 원어치를 구매할 수 있는 가치가 그 속에 담겨 있다.

금융의 시작은 신용이다

어느 날 당신의 가족이나 친지, 또는 친구 중 한 명이 당신에게 급히 돈을 빌리러 왔다. 큰 금액이라면 고민이 되겠지만, 소액이라면 흔쾌히 승낙할 것이다.

반대로 전혀 만나본 적도 없는 사람이 무턱대고 돈을 빌려달라고 한다. 이때는 빌려주기 어려울 것이다. 당신이 돈이 없어서가 아니다. 돈을 빌려주고도 받을 수 있을까 하는 문제, 바로 '신용'이 걱정되기 때문이다.

"금융은 신용에 의해 움직인다."는 표현을 써도 될 만큼 금융에 있어 신용은 매우 중요한 역할을 수행하고 있다. 신용은 상대에 대한 '믿음'에서부터 출발한다. 자금난으로 은행을 찾아온 기업에 대출을 승낙해주는 것도, 상품을 수출하고 대금을 나중에 받는 것도 모두 "돈을 줄 것이다."라는 믿음에 의해서다. 신용은 우리가 생각하는 것 이상으로 금융을 움직이는 큰 원리로 작용하고 있다.

기업이 대출금을 갚지 못하거나 수출업자가 해외로부터 대금을 받지 못할 경우를 생각해보자. 물론 당사자 간의 거래실패로 끝날 수도 있겠지만 그 규모가 커진다면 경제 전체에도 부정적인 영향을 미칠 것이다.

우리 경제에는 신용을 대표적으로 담당하는 기관이 있는데 바로 '은행'이다. 위 경우 은행은 대출심사를 통해 기업의 신용도를 평가하며, 수출업자는 은행의 신용장이라는 제도를 통해 불확실성을 줄일 수 있다.

은행, 그리고 중앙은행

은행이라고 했을 때 우리가 떠올리는 모습은 돈을 맡기거나 찾는 광경이다. 그래서인지 은행을 돈을 보관하고 관리하는 곳 정도로 생각하는 경우가 있는데, 결코 그렇지 않다. 은행은 이보다 더 많은 일을 수행하고 있다.

은행은 그 역할에 따라 크게 '중앙은행', '특수은행', '일반은행'으로 나뉜다. 그중 중앙은행은 '은행의 은행'이라 불리는데, 한국은행이 여기에 해당한다.

중앙은행은 금융의 중심기관답게 여러 통화정책을 수립·집행한다. 특히 금리변동은 금융시장 전반에 영향을 미치기에 경제에서도 중앙은행의 기준금리 소식을 비중 있게 전달하고 있다. 또한 중앙은행은 화폐 발권력이 있다. 시중에 돈을 공급할 수 있는 권한인데, 경제 부양을 가져온다는 장점도 있지만 인플레이션을 유발할 수 있는 문제도 있는 만큼 역할에 신중할 필요가 있다.

중앙은행의 목적은 '물가안정'이다. 경제성장이 아닌 물가안정이라는 점이 조금은 이상하게 느껴질 수 있는데, 급격한 물가변동은 악영향을 줄 수 있기 때문이다. 그래서 중앙은행은 물가안정을 최우선으로 관리한다. 때로는 중앙은행의 정책(물가안정)이 정부(경제성장)와 배치되는 경우도 있다 보니 중앙은행의 독립성과 자주성이 중요시된다.

특수은행, 일반은행

산업은행, 기업은행, 수출입은행 등이 '특수은행'에 해당한다. 시중은행 중심으로 거래하는 우리에게는 조금 낯설게 느껴질 수 있는데 이름에서 알 수 있듯이 각각의 설립근거에 따라 기업대출이나 정책금융 등의 업무를 한다.

'일반은행'은 흔히 '시중은행'이라 부르는 은행을 말한다. 시중은행도 은행이니만큼 간단한 예·적금에서부터 시작하여 기업대출에 이르기까지 다양한 업무를 담당한다. 또한 전국적인 단위를 자랑하는 만큼 일반 대기업에 못지않은 규모다.

이외에도 '지방은행'이 있다. 주로 특정 지역을 중심으로 활동하는 은행이 여기에 해당한다. 업무는 일반은행과 큰 차이가 없지만 지방의 금융지원을 목적으로 한다는 특징이 있다.

은행의 시작

현대 경제에서 돈은 그 자체로 재산이다. 우리가 은행에 돈을 맡기는 건 재산을 맡긴다는 뜻이다. 그러기 위해서는 먼저 은행이라는 기관을 믿을 수 있어야 한다. 은행은 우리의 돈을 믿고 관리할 수 있다는 인상을 주기 위해서 친절한 직원들, 깔끔하고 정돈된 환경을 보여준다.

은행은 언제부터 시작됐을까? 은행을 뜻하는 단어 Bank의 어

원은 Banco로 영어의 Bench를 뜻한다. 당시에는 지금과 달리 돈을 맡기거나 찾는 거래가 야외 벤치에서 이뤄졌다. '금융거래가 이뤄지던 장소'라는 의미가 현재까지 이어져 온 것이다.

또한 부를 추구하는 행위가 자연스러운 지금과 달리 중세에는 대출을 통해 이자를 받는 행위 자체가 금기시됐다. 그렇다 보니 금융업에 대한 시각도 매우 부정적이었다. 당시의 모습을 그려낸 소설에서도 찾아볼 수 있다.

영국의 극작가 셰익스피어William Shakespeare의 작품 『베니스의 상인』을 보면 주인공 안토니오가 고리대금업자 샤일록에게 돈을 빌리는 장면이 나온다. 안토니오는 자신이 빌려 간 돈을 제때 갚지 못할 경우, 1파운드의 살을 샤일록에게 제공한다는 증서를 쓴다.

안타깝게도 기한을 넘긴 안토니오에게 샤일록은 그 빚을 살로 갚을 것을 요구한다. 이때 안토니오의 연인이었던 포셔는, "살만 도려내고 단 한 방울의 피도 흘려서는 안 된다."는 말을 남긴다. 비록 소설이지만 당시 금융에 대한 인식을 살펴볼 수 있는 대목이다.

경제를 배우면 투자를 잘한다?

당신이 주식투자를 목표로 한다고 해보자. 주식투자에 앞서 가장 먼저 공부하는 내용은 주식의 종류나 매매기법이 아니다. 바로 경기변동이다. 종합적인 경제활동을 나타내는 경기가 상승세인지 하락세인지를 파악하는 게 주식투자의 가장 기본이다.

주식 관련 기사를 읽다 보면 "바닥을 쳤다.", "상승세에 있다.", "보합세 국면에 있다." 등의 표현을 접하게 된다. 경기가 하락세면 다시 상승세로 돌아설 가능성이 있는 것이고, 상승세면 언젠가는 주춤거릴 수 있다. 경제 전반적인 내용을 알아둔다면 경기를 분석하는 데 큰 도움이 될 것이다.

경제학자 중에도 주식투자에 성공한 사람이 있다. 바로 케인즈다. 그는 주식투자를 미인선발대회에 비교하면서 "자신이 미인이라고 생각하는 사람보다 많은 사람이 미인이라고 생각할 사람을 뽑아야 한다."는 생각을 드러내기도 했다. 개인의 감을 믿기보다 시장의 흐름을 분석해 인기주에 투자하라는 것이다.

반면 주식투자에 실패한 경제학자도 있다. 화폐수량설을 주장하며 세계적인 명성을 얻었던 어빙 피셔I.Fisher의 경우 대공황을 눈앞에 두고도 이를 잘못 예측해 큰 손해를 보았다. 주식투자에 실패한 이들은 경제학자 말고도 많다. 근대과학의 아버지라 불리는 뉴턴은 주식투자 실패를 맛보고는 "천체 움직임은 계산할 수 있었지만 인간의 광기는 그러지 못했다."라는 말을 남겼다.

최근 가상화폐 투자 열기가 오르고 있다. 어느 투자든 기본은 같다. 시장의 정보, 그리고 분석이다. 그럼에도 불확실성을 제로로 줄일 수는 없다. 단순히 누군가의 말만 듣고 투자하기보다는 스스로 어느 정도의 위험을 감수할 수 있는지를 먼저 생각해보자.

어제의 만 원, 오늘의 만 원

세종대왕이 예전 같지 않다

우리나라 지폐는 천 원권에서 오만 원권에 이른다. 그중 세종대왕이 그려져 있는 만 원은 가장 익숙한 지폐일 것이다. 만 원 지폐가 처음 등장한 건 1973년이다. 당시에만 해도 만 원 한 장의 가치는 대단했다. 짜장면 한 그릇에 100원도 하지 않던 시대였으니, 만 원 한 장이면 온종일 실컷 쓰고도 남을 정도였다.

하지만 요즘의 만 원은 예전과는 다른 대접(?)을 받는다. 한 끼 식사와 커피 한 잔만 하더라도 만 원을 지불해야 한다. 만 원 지폐가 처음 등장했던 당시와 지금의 가치를 비교해보면 상당히 하락했음을 알 수 있다.

가치가 하락한 건 만 원뿐만이 아니다. 100원 주화는 이제 거스름돈 정도로만 인식되고 있으며, 10원 주화는 현용주화라는 말이 무색할 정도다. 길가에 떨어진 10원은 줍지 않고 지나칠 만큼 가치가 하락했다. 돈임에도 필요 없는 돈이 된 셈이다.

물가란 무엇일까?

물건의 가치를 '물가'라고 한다. 그런데 이 물건이라는 게 한두 종류가 아니다. 우리가 먹고 마시는 생필품에서부터 자동차, 선박, 원자재에 이르기까지 모든 것이 물가에 해당한다. 이것들을 계산한다는 것은 비현실적일뿐더러, 설령 계산하더라도 의미 없는 정보에 그칠 것이다.

물가 그 자체가 교과서적인 개념이라면, '물가지수'는 실제 경제에서 쓰이는 개념이라고 볼 수 있겠다. 물가지수는 그 기준에 따라 대상 물건을 정하고 가격 수준을 조사해 발표한다. 대표적인 물가지수로는 '소비자물가지수', '생산자물가지수', '수출입물가지수' 등을 꼽을 수 있다.

쌀, 달걀, 라면과 같은 식품은 소비자가 느끼는 물가에 해당하므로 소비자물가지수에 포함할 수 있다. 하지만 천연가스, 원유와 같은 원자재의 가격수준을 소비자가 알 필요는 없다. 소비자물가지수에 포함되면 지수의 신뢰성만 하락시킨다. 수출이나 수입에 관련된 품목들은 별도로 묶어 관리하는 게 보다 효율적이다.

물가의 측정

소비자물가지수는 소비자가 일상생활 중에 사는 상품이나 서비스의 가격 변동을 나타내는 지수다. 주로 가계 소비지출 중 차지하는 비중이 큰 품목들을 선정한 후 이 품목들의 가격 변동을 조사하여 발표한다.

	식비	외식	의류	월세	전기	보건	도서	영화	교육	미용	총계
A	20			30	10	40					100
B	50	10	20		40				30	50	200
C	60		50	60	40	30			60		300
D	30		30		20		120				200
E	10				20			70			100
F	20				10			10		60	100
합계	190	10	100	90	140	70	120	80	90	110	1000

여섯 가구의 소비 (출처: 통계청)

위 표는 여섯 가구의 소비를 나타내고 있다. 살펴보면 식비,

전기는 모든 가구가 공통으로 소비하는 항목이니만큼 물가지수에 반드시 포함될 것이다. 이제 일부 가구만 소비하는 항목을 살펴보자. E 가구는 전체 소비 중 영화의 비중이 70%다. 만약 물가산정 시 영화를 제외한다면 E 가구에는 그리 신뢰성 높은 물가지수라고 보기 어렵다. 반대로 영화를 포함하면 영화 소비가 전혀 없는 A 가구가 문제다. 이외에도 가구마다 항목의 비중이 다르다. 경제에서는 이 점을 고려해 각 항목을 가중평균한 값으로 물가를 산출한다.

종종 뉴스에서 소개되는 물가지수와 우리가 느끼는 물가에 차이가 있다고 느끼는 건 이러한 이유에서다. 소비자를 대상으로 한 소비자물가지수도 실제로는 소비자가 느끼기에 차이가 있다. 그래서 신선 어류나 채소, 과일 등의 물가를 측정한 '신선식품지수', 소비자의 구입 빈도나 지출비중이 높은 '생활물가지수' 등을 발표하여 소비자물가지수를 보완하고 있다.

화폐의 가치, 그리고 물가

물가는 높아질 수도 있고 낮아질 수도 있다. 반면 화폐는 그렇지 않다. 만 원 지폐는 만 원만큼의 가치를 지니고 있다. 물가가 높아지면 화폐의 가치는 낮아지지만 물가가 낮아지면 화폐의 가치는 높아진다. 기준은 물가에 있다.

한 잔에 3,000원이던 테이크아웃 커피가 어느 날 4,000원으로 올랐다고 생각해보자. 평소 지불해야 하는 금액보다 더 많은 돈을 줘야 한다. 경제에서는 '물가상승' 또는 '화폐가치 하락'이라고 표현한다. 반대의 경우도 있다. 세 마리 만 원에 판매되던 고등어가 네 마리 만 원에 판매된다고 하자. 같은 양을 사는데 더 적은 돈을 지불하는 것이다. 이를 '물가하락' 또는 '화폐가치 상승'이라고 한다.

경제에서는 물가가 상승하는 것을 가리켜 '인플레이션'이라고 하며, 물가가 하락하는 것을 '디플레이션'이라고 한다. 인플레이션은 주로 경기 호황일 때 나타나며 디플레이션은 경기 불황 시에 나타난다. 경제가 좋을 때는 수요가 증가하고 그에 따라 물가도 오르지만 경제가 나쁠 때는 소비 위축으로 인해 물가가 하락한다.

때로는 경제가 위축되는 동시에 물가가 오르는 현상이 나타나기도 한다. 경제에서는 '스태그플레이션'이라고 한다. 주로 공급 감소로 생산비용이 높아질 때 나타난다.

물가관리의 필요성

급격한 물가변동을 경계해야 하는 이유는 가격체계에 큰 혼란을 준다는 점에 있다. 물가변동은 경제주체가 인식하는 가격 정보에 왜곡을 가져오며, 결국에는 거래에도 악영향을 미친다. 인플레이션의 대표적인 사례로 언급되는 짐바브웨의 경우 하루에도 수차례 상품 가격이 바뀌었다. 1920년대 급격한 인플레이션을 겪은 독일에서는 수레에 돈을 담아놓으면 도둑이 돈은 놔두고 수레를 가져갈 정도였다.

물가변동은 경제성장에 따른 자연스러운 현상임을 이해하는 것과 동시에 급격한 물가변동의 위험성, 물가관리의 중요성을 모두 고려해야 한다. 이렇게 볼 때 물가안정을 최우선 목표로 하는 한국은행이 얼마나 중요한 기관인지 다시금 생각하게 된다.

최근 우리나라에도 저성장의 그림자가 드리워짐에 따라 물가 상승에 대한 불안감이 높아지고 있다. 물가가 우리 경제에 미치는 영향을 고려할 때, 이를 적정 수준에서 잘 관리하는 것이 중요하다.

왜 실업률은 낮을까?

경제는 실업을 어떻게 바라볼까

실업이 발생하는 데에는 여러 이유가 있다. 대학 졸업 후 일자리를 찾지 못했거나, 혹은 다니던 직장을 잠시 그만두었거나, 회사가 문을 닫아 부득이 일을 못 하는 경우 등이다. 만약 당신이 "잠시 쉬고 싶다. 일하고 싶지 않다." 하는 경우는 어떨까? 이때는 실업이긴 한데 뭔가 애매한 실업이다.

'실업'이란 일할 의욕이 있음에도 불구하고 일자리를 얻지 못한 상태를 말한다. 일자리를 얻지 못하면 모두 실업으로 보는 경우가 있는데, 핵심은 '일할 의욕'에 있다. 당신이 실업 상태인데 일할 의욕이 있다면 실업자에 포함되겠지만, 일할 의욕이 없다면 실업자에 포함되지 않는다.

경제에서는 실업을 발생 원인에 따라 크게 네 가지 유형으로 구분한다. '경기적 실업', '구조적 실업', '마찰적 실업', '계절적 실업'이다.

경기적 실업은 불황과 같은 경기 변동에 따라 발생하는 실업이다. 미국의 대공황, 우리나라의 1997년 외환위기를 들 수 있다. 경기 불황에 따른 실업인 만큼 경제에서도 가장 심각하게 받아들이는 유형이다.

구조적 실업은 기술이나 산업 구조가 변화함에 따라 발생하는 실업이다. 경제가 성장 중인 상황에서도 나타날 수 있는 유형인데, 때로는 해당 직업 자체가 사라질 수도 있다. 과거의 버스안내양을 예로 들 수 있는데, 이러한 실업 해소를 위해서는 직업훈련이 중요하다.

마찰적 실업은 새로운 일자리를 찾는 과정에서 일시적으로 발생하는 실업이다. 이직이 여기에 속한다. 개인 입장에서는 재충전, 새로운 출발의 의미를 갖다 보니 현실적인 유형이라고 볼 수 있겠다.

계절적 실업은 계절적 영향을 받아 발생하는 실업이다. 여름 해수욕장이나 겨울 스키장과 같이 계절에 따라 일하거나 쉬는 경우가 해당한다. 장마철에는 공사 현장의 근로자들이 일을 쉬는데 계절적 실업의 한 유형이다.

실업의 측정

실업을 측정할 때는 가장 먼저 '생산가능인구'를 알아야 한다. 그리고 '경제활동인구', '비경제활동인구'로 구분한다. 간단히 정리해보면 아래와 같다.

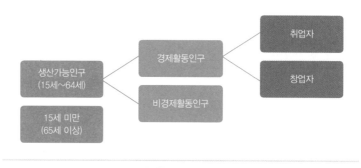

경제활동에 따른 분류

생산가능인구는 나이에 따른 구분이므로 쉽게 알 수 있다. 이제 경제활동인구와 비경제활동인구로 구분해야 하는데, 그 기준은 앞서 말한 '일할 의사의 유무'에 있다.

경제활동에 참가하고 있는 근로자는 경제활동인구에 포함된다. 반면 가사에 종사하는 주부, 공부하는 학생, 그리고 군인이나 범죄자는 경제활동인구에 포함되지 않는다. 이들은 일할 의

사가 없거나, 일을 못 하는 상태에 놓여있기 때문에 비경제활동
인구에 해당하며, 실업자의 범위에도 포함되지 않는다.

실업률이 와 닿지 않는다?

통계청의 「경제활동인구 조사」에 따르면 우리나라의 실업률은
2011년 3.4%에서 2017년에 이르기까지 3~4% 내외 수준을 보
인다. 실업률이 '경제활동인구 중 실업자가 차지하는 비중'임을
떠올려보더라도 생각보다 낮은 수치이다.

실업률이 와 닿지 않는 이유는 그 산정 기준에 있다. 만약 어
떤 이가 오랜 기간 취업을 준비하였는데 잘 되지 않아 취업 자
체를 포기했다고 생각해보자. 이 순간부터 그는 비경제활동인
구에 해당한다. 실업률의 측정 대상에서 제외되는 것이다.

취업자로 보는 범위가 넓은 것도 이유로 들 수 있다. 실업률
기준에 따르면 1주일에 1시간만 일하더라도 취업자에 해당한
다. 만약 대학생이 아르바이트를 한다면 학생임에도 취업자로
분류된다.

이렇듯 우리가 생각하는 실업의 모습과 경제의 기준에는 큰
차이가 있다. 실업률이 높으면 그만큼 관련 대책이 요구되는데,
실제 수치는 낮게 측정되다 보니 측정 기준을 바꿔야 한다는 목
소리도 높다. 최근에는 '체감실업률'이라는 고용보조지표를 작

성해, 통계에는 잡히지 않지만 사실상 실업 상태인 사람을 실업에 포함하고 있다.

실업 문제가 중요한 이유

최근의 실업 문제는 일자리 수가 없다기보다 일자리의 질적 차이에 주된 원인이 있다. 상대적으로 낮은 급여, 비정규직의 고용 불안정 등 취업 시 어려운 상황을 견뎌내야만 하는 구조이다 보니 구직자들도 이를 꺼리게 된다.

실업에 대한 경제의 해답은 조금 냉정하게 들릴 수 있다. 경제는 수요와 공급의 원리로 실업을 바라본다. 사람이 몰리면 그만큼 임금은 낮아지고, 사람이 적으면 반대로 높아지므로 가만히 놔두라는 것이다. 한쪽에서는 수많은 지원자가 몰리는 반면 다른 한쪽에서는 사람을 구하지 못해 발을 동동 굴리는 지금의 상황을 경제의 관점으로 해결하기엔 적절하지 않아 보인다.

최근에는 기업 간의 임금 격차를 해소하기 위한 정책을 논의하거나 고용 불안정을 해소할 수 있는 제도적 장치 등을 마련하고 있다. 시장의 원리에 맡기지 않고 정부가 나서겠다는 뜻이다. 실업은 단순한 일자리 문제에 그치지 않고 사회 불안정으로 확대될 수 있으므로 보다 직접적인 관리와 정책이 필요하다.

$1

환율이란 무엇일까?

당신이 일본 여행을 갔다고 생각해보자. 일본에서는 엔화가 필요할 것이다. 반대로 일본인이 우리나라에 방문하여 물건을 산다고 해보자. 그러면 우리나라의 돈인 원화가 필요할 것이다.

일반적으로 각 국가는 자국 내에서 사용하는 고유한 화폐를 갖고 있다. 다만 국가 간 거래가 발생할 때는 화폐를 교환해야하는데, 문제는 각 국가의 화폐 단위가 다르다는 데 있다. 또한 국가별 경제 규모도 차이가 있다 보니 화폐의 가치도 고려해야한다.

구분	단위	구분	단위
미국	USD(달러)	대한민국	KRW(원)
중국	CNY(위안)	러시아	RUB(러시아)
일본	JPY(엔)	호주	AUD(달러)
독일	DEM(마르크) → EUR(유로)	스페인	ESP(페세타)
프랑스	FRF(프랑) → EUR(유로)	인도네시아	IDR(루피아)
영국	GBP(파운드스털링)	멕시코	MXN(페소)
인도	INR(루피)	터키	TRY(리라)
브라질	BRL(헤알)	네덜란드	NLG(길더)
이탈리아	ITL(리라) → EUR(유로)	사우디	SAR(리얄)
캐나다	CAD(달러)	스위스	CHF(프랑)

세계 각국의 화폐 단위(ISO 4217 기준)

환율은 매우 간단한 구조를 갖는다. 쉽게 말하면 우리나라의 만 원을 미국의 달러나 일본의 엔으로 바꾸고자 할 때, 어느 정도의 비율로 교환 가능한지를 살펴보는 것이다. 환율에서는 수요와 공급처럼 그래프를 알아야 하는 것도 아니며 효용극대화나 이윤극대화를 위한 수식이 존재하는 것도 아니다. 단순히 두 화폐의 비율만 따져보면 된다.

그럼에도 정작 환율에 관련된 기사를 보면 어려움을 느낀다. 특히 환율이 상승했거나 하락했을 때 우리 경제에 미치는 영향이든지, 혹은 '평가절상', '평가절하'와 같은 용어가 소개될 때는 "환율 상승이 평가절상인가, 절하인가? 그럼 우리나라 돈 가치가 올랐다는 건가, 미국 달러 가치가 올랐다는 건가?" 하는 혼란이 온다.

간단한 개념임에도 혼란을 겪는 이유는 환율 계산에 앞서 그 '기준'을 명확히 잡지 않은 데에 있다. 두 국가 중 어느 화폐를 기준으로 보는지부터 살펴야 한다.

환율의 표기

경제기사를 읽다 보면 '원·달러 환율'이라는 말을 들어봤을 것이다. 우리나라와 미국의 화폐 교환 비율을 의미하는데, 핵심은 기준을 우리나라에 놓느냐 미국에 놓느냐에 있다. 기준에 따라 '직접표시법', 그리고 '간접표시법'으로 나눈다.

구분	직접표시법	간접표시법
기준	자국통화로 표시	외국통화로 표시
예	1달러=1,110원	1원=1/1,110달러
표시	USD/KRW	KRW/USD

직접표시법과 간접표시법

'직접표시법'은 외국통화를 우리나라 통화로 표시하는 방법을 말한다. 만약 1달러가 1,110원에 거래된다면 'USD to KRW', 즉 '달러·원 대비'라고 읽으면 된다.

'간접표시법'은 우리나라의 통화를 외국통화로 표시하는 방법이다. 위 경우 달러 가치가 우리나라보다 높다 보니 분수로 나타난다. 'KRW to USD'이므로 '원·달러 대비'라고 읽으면 된다.

직접표시법과 간접표시법은 그 기준을 어디에 두느냐의 차이일 뿐 해석에는 차이가 없다. 직접표시법을 선택하여 사용하는 나라도 있고, 간접표시법을 선택하여 사용하는 나라도 있다.

"달러 약세가 주춤하면서 원·달러 환율이 1,092원에 상승 마감했다." 이 표현에 따르면 우리나라는 간접표시법을 사용한다. 자국 통화인 원을 앞에 두었기 때문이다. 그런데 실제 표시는 간접표시법인 1/1,092원이 아니라, 직접표시법인 1,092원을 따르고 있다. 앞뒤가 맞지 않는다. 왜 그럴까?

우리는 다른 나라와 관계를 논할 때 우리나라를 앞에 놓는다. '한중관계', '한미일 공동'처럼 말이다. '중한관계'라든지 '미일한 공동'이라는 표현은 쓰지 않는것처럼 환율도 마찬가지다. 표시법에 따른다면 '달러·원 환율'이 맞지만 국민 정서를 고려해서 '원·달러 환율'이라 하는 것이다.

환율의 영향

수출자는 물건을 팔고 그 대금을 받는다. 주로 달러로 받는데, 환율의 변동은 수입과 수출에 영향을 준다. 환율이 1달러당 1,000원이라고 생각해보자. 그런데 1,500원으로 올랐다. 만약 받기로 한 대금이 2,000달러라면 환율 변동 이전 기준으로 우리 돈 200만 원이 될 것이다. 하지만 환율이 1,500원으로 상승하면 (수출자는 같은 물건을 팔았음에도) 300만 원을 받게 된다.

반대로 수입자는 물건을 사고 그 대금을 지불한다. 수입자가 지불하기로 한 금액이 1,000달러라면 우리 돈 100만 원에 해당한다. 그런데 환율이 오르면 150만 원을 지불해야 한다. 같은 상품임에도 환율이 높아져 손해를 입는 것이다.

해외 유학생에게 보내는 경비도 마찬가지다. 유학생이 필요로 하는 경비가 40달러일 경우 원래라면 우리 돈 4만 원이면 충분했을 것이다. 하지만 환율이 상승하면 6만 원이 필요하게 된다. 이렇듯 환율의 변동은 수출입에 직접적인 영향을 준다.

우리가 환율에 대해 갖는 고정관념이 있다. 우리나라는 수출 의존도가 높다 보니 "고환율 정책이 경제에 유리하지 않을까?" 하는 것이다. 수출업자만 놓고 보면 이득이 되는 게 사실이다. 하지만 환율이 오르면 그만큼 수입 원자재의 가격도 상승한다. 수출의 혜택이 국내 투자나 고용에 연결되지 않을 시에는 경제에 큰 도움이 되지 않는다.

환율은 어떻게 결정되는가?

환율이 결정되는 원리를 이해하기 위해서는 먼저 '외환시장'을 알아야 한다. 우리가 생각하는 수요란 돈을 주고 상품을 사는, '상품' 중심의 수요임에 반해 외환의 수요는 외환이 해외로 나가는 것을 말한다. 외국의 물건을 사거나 서비스를 이용할 때 그 대금을 외환으로 지불해야 하기 때문이다. 반대로 외환의 공급은 외환이 국내로 들어오는 것을 말한다.

외환의 수요 증가 → 환율 상승 (원화 가치 하락)
외환의 공급 증가 → 환율 하락 (원화 가치 상승)

외환의 수요·공급에 따른 환율 변동

우리가 미국으로부터 물건을 수입하거나 미국으로 유학을 간다고 생각해보자. 이 경우 미국의 달러가 필요하므로 외환 수요는 증가한다. 반대로 미국이 우리나라로부터 수입을 늘리거나 우리나라에 관광을 온다고 해보자. 그러면 달러가 국내로 들어오므로 외환 공급이 증가한다. 이처럼 외환의 수요와 공급에 따라 환율이 결정될 때 이를 '균형환율'이라고 한다.

외환의 수요와 공급 말고도 환율이 결정되는 방식이 있다. 각국의 금리 차이에 따라 환율이 결정되는 것을 가리켜 '이자율평가설'이라고 한다. 예를 들어 우리나라의 금리가 2%이고 영국의 금리가 3%라면 우리나라에 있던 돈이 영국으로 빠져나간다. 영국에 투자하면 더 많은 이익을 기대할 수 있기 때문이다.

'구매력평가설'도 환율을 결정하는 방식 중 하나로 '일물일가의 법칙'이라고도 한다. 현재 환율이 1,000원에 1달러라고 해보자. 어떤 머그잔이 우리나라에서 3,000원에 판매되고 있다. 환율에 따라 미국에서의 가격은 3달러일 것이다.

만약 우리나라에서 머그잔이 3,500원에 판매된다면 3달러를 가지고 머그잔을 살 수 없다. 하지만 미국에서 머그잔을 사서 우리나라에 들여온다면 3,500원에 팔 수 있다. 이 과정에서 차익이 발생하는데, 미국과 우리나라에서 1달러가 갖는 구매력이 같아질 때까지(1달러=1,000원) 가격은 조정될 것이라는 게 구매력평가설의 주요 내용이다.

'빅맥지수'는 구매력평가설의 대표 사례다. 맥도날드의 빅맥은 세계 어디에서나 쉽게 찾아볼 수 있으며 동일한 재료와 조리 방법을 따른다. 그래서 빅맥을 통해 각국의 물가를 비교할 수 있다. 만약 빅맥지수가 4.1이라면 빅맥 하나를 사 먹기 위해 4달러 10센트를 지불해야 한다는 뜻이다.

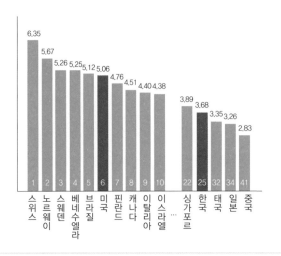

각국의 빅맥지수 (단위: 달러, 출처: 이코노미스트, 2017년 1월 기준)

이외에도 환율 결정에는 많은 요인이 영향을 미친다. 각국의 제도라든지 정치적인 상황, 경제 규모 등이 대표적이다. 만약 전쟁이라도 벌어진다면 환율 계산은커녕 거래조차 발생하기 힘들 것이다. 각국의 안정성이 중요한 이유다.

우리나라의 환율

환율 흐름을 통해 우리 경제를 살펴볼 수 있다. 1996~1997년 사이에는 환율이 급등했다. 당시 외환위기 사태에 따른 결과다. 1996년 당시 840원대이던 환율은 1997년 1,700원 선에 이른다.

2008년에도 큰 폭의 상승이 있었는데, 이때는 세계금융위기가 발발한 때다. 당시 '키코 사태'도 기억해 둘 필요가 있다. 키코KIKO란 'Knock-in, Knock-out' 옵션을 통해 만든 일종의 파생상품이다. 환율변동에 따른 리스크를 회피하고자 하는 목적으로 만들어졌다.

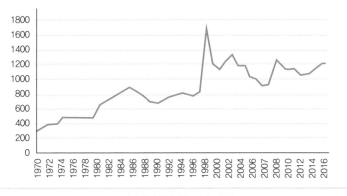

우리나라의 환율 (원·달러 기준)

파생상품이니만큼 불확실성은 갖고 있지만 환율이 일정 구간 내에서만 움직인다면 큰 문제가 없기에 당시 많은 중소기업이 가입했다. 하지만 곧이어 발발한 미국발 금융위기로 환율이 급등하면서 수많은 기업이 피해를 봤다. 대외거래 비중이 높은 우리나라에서 환율의 급격한 변동은 심각한 영향을 주기도 한다.

장벽 없는 경제

무역 1조 달러 시대

1964년 11월, 우리나라의 수출이 1억 달러를 달성했다. 액수만 놓고 본다면 태국, 필리핀, 인도네시아에 뒤처질 정도로 초라한 수준이었지만 우리나라는 이날을 '수출의 날(현재의 12월 5일 '무역의 날')'로 지정했다. 그리고 약 50여 년이 지난 지금, 우리나라의 무역 규모는 1조 달러를 돌파하기에 이른다.

무역의 역사는 우리 경제의 역사이기도 하다. 1960년대만 하더라도 철광석, 오징어 등에 한정되던 수출 상품은 1970년대 본격적인 중화학공업 정책이 추진됨에 따라 증가했다. 수출 증가와 함께 기술 수준 또한 급속도로 발전했고 지금은 반도체,

자동차, 선박 등 다양한 상품을 수출하고 있다.

무역은 언제부터 시작됐을까? 중국 역사서 『사기』에 무역이라는 말이 처음 소개됐다. 이 책이 편찬된 시기를 고려해보면 약 2000년 전부터 이 말이 사용됐다는 뜻인데, 그만큼 역사가 깊다는 걸 알 수 있다. 무역을 뜻하는 영어인 'Trade'는 'Tread(발을 딛는 행위)', 'Track(길, 자국)'으로부터 유래했다. 무역의 의미가 '어느 길이나 항로를 따라 물건을 교환하는 것'에 비춰볼 때 과거의 무역이 지금에 이르렀음을 알 수 있다.

초기의 무역, 제로섬 게임

신항로가 발견되고 유럽의 대항해시대가 시작되면서 무역은 거대한 전환점을 맞이하게 된다. 당시 항해는 위험한 일이었지만, 동시에 그만큼의 보상을 가져다주었기에 많은 이들이 무역에 뛰어들었다.

초기의 무역은 지금과 같이 두 나라 간의 자유로운 거래가 이뤄지는 모습과는 거리가 멀었다. 수출을 장려하며 보조금을 주었고, 국내 산업을 보호하기 위해 수입에는 제한을 두었다. 당시의 경제 사조를 가리켜 중상주의라고 한다.

중상주의의 가장 큰 특징은 무역을 '제로섬 게임'으로 보았다는 점에 있다. 무역의 전체적인 총량은 불변한다는 가정 아래

거래가 이뤄진다는 뜻이다. 그렇기에 중상주의 시대에는 수출을 장려하고 수입을 억제함과 동시에 금·은의 축적이 목표였다. 그것이 자국의 부를 증대시킬 방법이라 믿었다.

하지만 시간이 지나며 중상주의에 대한 비판과 자유무역에 대한 논의가 이뤄지기 시작했다. 마침내 한 경제학자가 중상주의를 정면으로 비판하며 "무역을 통해 양 국가 모두 이득을 얻을 수 있다."라는 내용을 입증해냈다. 현대 무역이론의 기초를 제공했다고 평가받는 경제학자, 데이비드 리카도David Ricardo다.

데이비드 리카도David Ricardo
리카도는 사회의 주류에 속했던 인물임에도 불구하고 지대론과 같은 개혁적인 사회운동에 큰 관심을 보였다. 경제 연구에도 매진해 애덤 스미스 이후의 경제학을 발전시키는데 크게 기여했으며, 그가 제시한 비교우위론은 지금까지도 자유무역의 이론적 근거로 작용하고 있다.

비교우위론

아래 표는 한국과 독일의 상품 생산을 나타내고 있다. 주어진 노동력을 통해 각각 자동차 1대, 선박 1척을 생산하고 있는데 한국은 200명의 근로자 중 90명이 있어야 자동차 1대를 생산할 수 있고, 선박 1척을 만드는 데는 110명이 있어야 한다. 독일도 같은 방식이다.

구분	한국	독일
자동차	90명(→1대 생산)	80명(→1대 생산)
선박	110명(→1척 생산)	70명(→1척 생산)
합	200명	150명

한국과 독일의 생산 조합 (출처: 한국무역협회)

자동차를 살펴보면 한국은 1대 생산에 90명의 사람이 필요한데 독일은 80명이면 충분하다. 자동차 생산에서는 독일이 한국보다 유리한 상황이다. 선박에서도 마찬가지다. 한국은 선박 1척 생산에 110명이나 필요하지만 독일은 70명만으로 생산할 수 있다.

생산에 있어 투입 요소가 적게 드는 것을 가리켜 경제에서는 생산의 '절대우위'가 존재한다고 한다. 독일이 절대우위에 있는 상황이다.

만약 독일 자동차 생산에 필요한 노동력이 80명이 아닌, 100명이었다고 가정해보자. 이 경우 서로 간 노동력이 적게 드는 자동차(한국)와 선박(독일) 생산에 집중하고 이를 거래하면 더 큰 이득이 생긴다. 경제에서는 '절대우위설'이라고 하는데 각자 절대적인 우위를 갖는 상품이 있을 경우엔 그 상품을 생산하면 된다는 논리다.

하지만 위 표를 보면 독일 입장에서는 굳이 무역에 응할 필요
가 없어 보인다. 왜냐면 자동차나 선박 모두 자신들이 절대우위
를 갖고 있기 때문이다. 바로 이 점이 절대우위설이 갖는 이론
의 특징이자 한계이며, 동시에 비교우위설의 의의이다.

양국 모두 90명으로 선박을 생산한다고 가정하면, 한국 입장
에서 자동차 1대의 가치는 선박 0.82척과 같다. 반면 독일의 경
우 자동차 1대의 가치는 선박 1.14척과 같다. 정리해보면 한국
자동차 1대의 가치가 독일보다 비교적 저렴함을 알 수 있다. 이
때 경제에서는 '비교우위'가 있다고 한다.

구분	한국	독일
자동차	200명(→2.2대 생산)	0명(→0대 생산)
선박	0명(→0척 생산)	150명(→2.1척 생산)
합	200명	150명

비교우위에 따른 생산

위 표는 가정한 비교우위에 따라 한국은 자동차만을, 독일은
선박만을 생산한 결과이다. 주어진 노동력으로 자동차는 약 2.2
대가 생산됐고, 선박은 2.1척이 생산됐다.

구분	한국	독일
자동차	1.2대	1대
선박	1척	1.1척
합	200명	150명

비교우위에 따른 생산 결과

여기에서 한국이 독일에 자동차 1대를, 반대로 독일은 한국에 선박 1척을 주더라도 기존보다 더 많이 생산됐음을 알 수 있다. 비교우위에 따른 생산 시 생산량이 더 많아진다.

무역의 장벽

상품이 수출입될 때나 통과할 때 부과되는 관세는 부과기준에 따라 '종량세(수량 기준)'와 '종가세(가격 기준)'로 구분한다.

관세율은 관세법에 따라 기본세율로 정해진 것을 '기본관세율'이라고 하고 '탄력관세율'은 일정 범위 내에서 탄력적 적용이 가능한 세율이다. 우리가 흔히 떠올리는 상계관세, 보복관세, 긴급관세, 조정관세 등이 이에 해당한다. 이외에도 '양허관세율'은 특정 국가 혹은 국제기구와 협정한 별도의 세율을 의미한다.

자유무역이 확대되면서 관세는 점차 낮아지는 추세지만 여전히 정치적 요인이나 국내 산업 보호 목적으로 부과되기도 한다.

관세가 높게 부과되면 '관세장벽'이라는 말이 나올 정도로 무역에 지장을 주는데 대공황 시절 미국에서 만들어진 '스무트-홀리 관세법'이 대표적이다.

당시 미국은 불황에 빠진 자국 산업을 보호할 목적으로 평균 관세율을 60% 수준까지 매겼다. 이 조치에 반발한 여러 국가는 경쟁적으로 관세를 높였다. 이들도 자국 시장을 보호해야 했기 때문이다. 결과적으로 미국의 수출은 크게 하락했으며 기업들의 실적도 나빠졌다.

충격은 미국에만 그친 게 아니었다. 1930년대 국제무역은 급감하기에 이르렀다. 경제 불황 시 자국 산업을 보호하는 게 반드시 정답은 아니라는 걸 깨닫게 된 것이다.

자유무역의 확대

자유무역이 확대되면서 국가 간 무역 원활화를 위한 여러 제도가 신설됐다. 대표적인 것이 GATT(관세와 무역에 관한 일반협정), WTO(세계무역기구), FTA(자유무역협정)이다.

GATT는 각국의 관세 철폐와 무역 증대를 목적으로 체결된 협정이다. 1947년 출범하여 제2차 세계대전 이후 국제 무역질서를 이끌어왔다는 평을 받는다. 하지만 협정에 그치다 보니 강제력이 부족한 측면이 있었다. 그리고 과거와 달리 국제무역이 복잡해지면서 새로운 기구의 필요성이 논의됐는데 이에 설립된 기구가 WTO이다.

1995년 출범한 WTO는 국제무역분쟁에 대한 권한과 구속력을 갖추고 있다는 측면에서 GATT보다 발전된 평가를 받고 있다. 또한 무역 강대국의 일방적인 조치를 방지할 수 있는 장치도 마련하고 있다. 하지만 협상에 시간이 오래 걸리며 다자 간 합의를 하는 것도 쉽지 않아 각 국가 간 무역협정을 맺게 되는데, 지금의 FTA이다.

FTA는 회원국 간 무역 및 투자 장벽을 완화함으로써 교역을 증진하는 협정이다. 우리나라는 칠레와는 첫 FTA(2004년)를 맺고 미국, 중국, EU, 인도, 호주 등 52개국과 FTA를 맺고 있다.

단연 주목받는 것은 역시 한미 FTA이다. 한미 FTA는 지난 2003년부터 논의되기 시작하여 2012년에 이르러서야 발효됐다. 최근 재협상을 논의 중인데 미국이 보호무역으로 돌아서는 모습을 보이면서 재협상은 쉽지 않아 보인다.

FTA는 협정 과정에서 찬반이 첨예하게 대립한다. FTA를 추진하는 정부에서는 찬성의 근거로 '수출경쟁력 유지, 안정적 해외시장 확보, 국가 시스템 선진화, 경제체질 강화' 등을 꼽지만 반대 관점에서는 협의 과정에서의 문제, 피해산업에 대한 지원 대책 미비 등을 지적한다.

양이냐, 질이냐

경제의 마지막 질문

우리는 경제에 관련된 다양한 내용을 살펴보았다. 이제 경제의 마지막 물음에 답할 차례다. 경제성장에 대해서다. 경제성장이란 무엇이고, 어떻게 하면 경제성장을 이룰 수 있는지 알아야 한다.

"내년에는 우리 경제가 성장세에 접어들 전망이다."

"최근 인도의 경제성장은 눈부실 정도다."

"브렉시트 여파로 영국의 경제성장이 큰 타격을 입었다."

경제기사를 읽다 보면 한 번쯤 접해봤을 법한 내용이다. 성장이 어떤 대상의 양이 많아지거나 규모가 커지는 것을 뜻한다고 할 때, '경제성장'은 경제의 규모가 커지는 일이다.

'경제발전'이라는 말도 있다. 이것도 경제가 커지는 걸 뜻하는 만큼 경제성장과 비슷하게 해석하면 된다. 그런데 마지막 논의를 보면 '브렉시트 여파로 영국의 경제성장이 큰 타격을 입었다'고 나와 있다. 여기서 경제성장 대신 경제발전이란 말을 넣어보자. 틀린 말은 아니지만 조금 부자연스럽게 느껴질 것이다. 영국은 이미 경제발전을 이룩했는데, 다시 경제를 발전시킨다니 말이다.

비슷해 보이는 경제성장과 경제발전이지만, 이 둘은 분명한 차이가 있다. 그럼에도 우리는 그동안 성장과 발전을 같은 말로 생각해왔다. 이제는 구분이 필요하다.

성장과 발전이란?

경제에서의 성장은 지표의 수치가 커지는 양적인 성장을 의미한다. 수치로 나타낼 수 있다는 게 가장 큰 특징이다. 기업의 매출액이 상승하거나 한 국가의 GDP가 증가하는 것이다. 자본이나 노동력의 양이 많아지면 그만큼 성장의 가능성도 높다고 본다.

발전은 질적인 성장을 의미한다. 사람으로 따지면 키가 크는 게 성장이고 건강하게 체질이 바뀌는 걸 발전이라고 볼 수 있겠다. 발전의 예로는 과거 농업국에서 공업국으로의 산업구조 변화를 들 수 있다. 최근의 4차 산업도 좋은 예다. 성장의 요인이었던 자본이나 노동력이 많더라도 반드시 발전이 이뤄지는 건 아니다. 발전은 수치만으로 나타낼 수 없으며 문화라든지 교육수준, 시민의식 등을 고려한다.

이렇게 놓고 보면 성장과 발전이 서로 다른 개념으로 느껴진다. 하지만 경제가 발전하기 위해서는 성장이 꼭 필요하다는 점, 성장이 이뤄지는 과정 속에서 발전의 가능성이 나타나기도 한다는 점을 기억하면서 개념상으로는 구분하되, 실제 경제에서는 종합적으로 해석해볼 필요가 있다.

질적인 성장, 경제발전

우리는 잘사는 나라를 선진국이라고 하며 그 반대를 가리켜 후진국, 혹은 개발도상국이라는 표현을 쓰곤 한다. 그 기준이 불명확할뿐더러 표현도 적절하지 않은 게 사실이지만 그럼에도 나라 간의 차이, 특히 선진국과 후진국의 경제 차이는 분명하다.

경제를 발전시키고자 하는 나라는 주로 개발도상국이다. 선진국은 이미 경제발전을 이뤘다. 개발도상국의 발전 전략은 마치 아이가 어른이 되는 과정으로 비유할 수 있다. 어른이 되기 위해서는 적절한 교육과 보호가 필요하다. 개발도상국의 경제 발전도 마찬가지다. 선진국이 된 나라들이 어떻게 경제발전을 이룩해냈는지 그 과정을 살펴보고 연구하여 자신들의 경제에 적용하는 것이다.

주요 선진국의 경제발전 과정을 연구하던 이들은 하나의 공통점을 발견하게 된다. 경제발전을 이룩해가는 그 과정에 일정한 단계가 나타난다는 점이었다. 개발도상국은 무조건적인 경제발전보다 자신들이 어느 단계에 와 있는지 파악하는 게 급선무였다. 그리고 다음 단계로 넘어가기 위한 조건은 무엇인지 연구하기 시작했다.

경제발전단계설

'경제발전단계설'은 경제가 발전할 때 일련의 단계를 거쳐 다음 단계로 발전한다는 이론이다. 주의해야 할 점은 이 단계를 반드시 거쳐야 경제발전이 이뤄진다는 뜻은 아니며, 특정 이론이 옳거나 틀린 게 아니라는 점이다. 다만 대부분의 국가가 이 단계를 따라 성장해 온 것이 사실이므로, 개발도상국 입장에서는 경제발전단계설을 채택하여 적용하고 있다.

주요 경제발전단계설

가장 잘 알려진 경제발전단계설은 마르크스의 '경제발전 5단계설'이다. 이 단계에 비춰보면 우리는 4번째 단계에 와있다. 물론 다음 단계로의 이행에 대해서는 논의하기 어렵겠지만 적어도 이와 같은 단계를 통해 경제가 발전해왔다고 생각해볼 수 있다.

두 번째는 로스토우W.W Rostow가 제시한 단계설이다. 마르크스의 5단계설 만큼이나 유명한 내용인데, 이에 따르면 경제는 전통적 사회에서 고도 대중소비기로까지 발전한다. 특히 '도약기'의 중요성을 강조했는데, 이 시기를 어떻게 운영하느냐에 따라 개발도상국의 경제성장 정도가 크게 달라진다는 의견이다. 성공적인 도약기를 이행한 나라로는 우리나라가 소개된다.

세 번째는 '제3의 물결'로 유명한 미래학자 앨빈 토플러Alvin Toffler의 단계설이다. 그는 인류의 농경사회 진입을 위대한 혁명으로 평가하고 제1의 물결로 보았으며, 산업혁명을 통한 본격적인 산업사회 시작을 제2의 물결, 지식기반 탈산업 정보사회를 제3의 물결로 구분했다. 그는 제4의 물결에 대해 예견하지 않았지만 최근 4차 산업혁명이 제4의 물결이라는 게 지배적인 관측이다.

양적인 성장, 경제성장

경제성장은 경제발전과 달리 양적 성장이라는 점에서 비교적 그 기준이 명확하다. 경제성장은 '경제성장률'로 나타내고 그 기준으로는 GDP를 사용한다. 작년보다 올해의 GDP가 얼마나 증가하였는지를 살펴보는데, GDP가 상품과 서비스의 생산량을 의미하는 지표이니만큼, 우리 경제가 작년보다 얼마나 더 풍요로워졌는지를 측정하는 지표다.

경제성장을 가져오는 요인에는 여러 가지가 있다. 대표적으로 자본을 들 수 있다. 자본 유치를 통해 공장도 짓고 종업원도 고용할 수 있다. 그다음으로는 노동력을 들 수 있다. "인구가 곧 국가경쟁력이다."라는 말이 여기에서 비롯된다. 풍부한 노동력은 생산성은 물론이거니와 내수시장 확대에도 기여하므로 경제성장에 빠질 수 없는 요인이다. 이외에도 각국의 교육수준, 기술의 발전 정도, 사회적 안정화 등이 해당한다.

균형성장과 불균형성장

경제성장에는 두 가지 방법이 있다. 모든 산업을 성장시키는 방법과 특정 산업을 먼저 성장시키는 방법이다. 각각 '균형성장', '불균형성장'이라고 한다.

균형성장은 경제 전반을 고루 성장시킨다는 점에서 각 산업의 보완성을 강조한다. 예를 들어 한 산업이 성장하면 그 산업의 시장을 확보해줄 다른 산업도 그만큼 성장해야 한다는 것이다.

균형성장은 개발도상국에서 나타나는 '빈곤의 악순환'을 극복하는 데 중점을 둔다. 아래 그림에서 보듯이 모든 산업을 균형 있게 성장시켜야만 빈곤의 악순환에서 벗어날 수 있다. 다만 균형성장을 위해서는 초기 자본이 크게 든다는 문제가 있다.

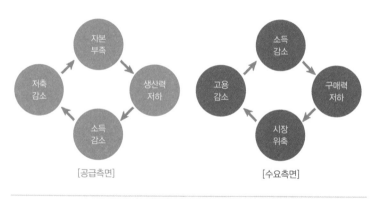

빈곤의 악순환

불균형성장은 모든 산업을 성장시키는 게 현실적으로 불가능할 때 선택한다. 파급효과가 큰 산업들을 선택하여 집중적으로 성장시키는 방식으로 우리나라가 불균형성장의 대표적 사례 국가다. 다만 어떤 산업을 우선순위로 볼 것인지와 추후 산업 간

격차가 확대되는 문제가 있다.

파급효과에는 전방효과와 후방효과가 있다. 자동차산업을 예로 들어보자. 자동차산업이 성장하면 자동차 판매뿐만 아니라 부품산업까지 영향을 미친다. 여기서 자동차 판매는 전방효과에 해당하고, 부품산업은 후방효과에 해당한다. 파급효과가 클수록 우선순위에 해당한다.

균형성장과 불균형성장은 서로 반대되는 개념이 아니다. 균형성장을 주장하더라도 실제 경제정책에서는 일부 산업에 집중할 필요가 있으며, 불균형성장을 주장하더라도 관련 산업의 성장이 받쳐줘야 하는 상황도 생긴다. 일반적으로 내수시장보다 수출이 적합할 때, 자원이 부족한 경우, 시장경제가 안정화되지 않은 단계에서는 균형성장보다 불균형성장이 적합하다.

경제성장의 모습은?

아래 그래프는 우리나라의 경제성장률이다. 우리나라는 불과 반세기만에 세계가 놀랄 정도로 고도의 경제성장을 이룩해냈다. 특히나 1970~1980년대에는 연 10%를 웃도는 성장을 했다. 과거 서독의 '라인강의 기적'에 비견할만하다 해서 '한강의 기적'이라고도 한다.

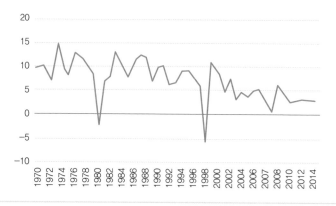

우리나라의 경제성장률(실질GDP)

성장만 있었던 것은 아니다. 1997년 외환위기 당시 경제성장률은 곤두박질쳤고, '해방 이후 최대의 국난'이라는 말이 나올 정도로 국가 전체가 어려움을 겪었다. 1970~80년대 석유파동, 2008년 세계금융위기 때도 경제는 위기에 처했다. 그 속에서도 우리 경제는 잘 견디고 이겨내 지금에 이르렀다.

앞으로의 경제는 큰 변화가 있을 것으로 전망된다. 성장 동력을 찾는 것과 동시에 노동력이 점차 줄어듦에 따른 새로운 경제 모델을 연구 중이다. 최근의 '인공지능', '빅데이터' 등이 여기에 해당하는데, 바로 '4차 산업혁명'이다.

4차 산업을 준비하면서 우리 경제가 지금껏 해결해오지 못한 문제에도 관심을 가져야 한다. 산업 불균형이라든지 소득 격차,

불공정한 관행 등이다. 이 문제들도 우리 경제의 성장을 저해하는 요인이다. 당면한 과제들의 해결과 함께 앞으로의 성장 동력을 찾아야 할 때다.

흐름의 경제학

2장에서는 '거시경제'라는 주제로 우리 경제 전반에 관련된 내용을 살펴보았다. 개인의 거래를 분석하는 미시경제와 달리 거시경제는 복잡하다. 가계와 기업, 정부라는 경제 주체에서 시작해 물가, 금리, 환율, 실업 등 경제 변수들이 어떻게 움직이는지 알아야 비로소 거시경제를 이해할 수 있기 때문이다.

만약 여러분이 거시경제 공부를 시작한다면 한 가지만 강조하고 싶다. 바로 경제용어에 집착하지 말라는 것이다. 많은 사람이 거시경제를 공부한다고 하면서 GDP라든지 인플레이션, 취업률, 재정적자와 같은 경제 용어의 뜻을 외우려고 한다. 대단히 잘못된 접근이다. 거시경제는 각 경제주체와 주요 경제변수가 어떻게 상호작용 하는지 분석하고 이해해야 하는 분야다. 경제 용어를 외운다고 해서 알 수 있는 분야가 아니다.

먼저 국가 경제라는 개념부터 세우자. 그래야 국가 경제를 측정할 수 있는 GDP의 중요성을 이해할 수 있다. 개별 경제주체와 주요 경제변수의 관계는 국가 경제라는 큰 틀 안에서 봐야 한다. '거시경제의 순환'을 생각해보라는 것이다. 경제용어를 외우는 건 그다음이다.

2장의 내용까지 다뤄본 만큼 이제 경제를 바라보는 당신의
관점도 상당히 높아졌을 것이다. 이어지는 3장에서는 일상 속
경제의 모습을 살펴볼 것이다. 책 속의 경제 원리가 실제 경제
에서 어떻게 나타나는지 알아보도록 하자.

3장

경제,
이만큼 가까이

과시적 소비
베블런 효과

괜찮아, 명품이니까

뛰어난 가치를 지닌 상품을 가리켜 명품이라고 한다. 상품 그 자체의 품질이 우수한 것은 물론이거니와 해당 상품에 대한 높은 인지도, 그리고 제작사의 브랜드 가치까지 더해졌을 때 비로소 완전한 명품으로 인정받게 된다. 여기서 한 가지 추가되는 것이 있다. 바로 '높은 가격'이다.

명품이기 때문에 가격이 높아야 하는지, 아니면 가격이 높기 때문에 명품인지에 대한 논란은 있었다. 여기에 대한 답은 분명하다. 명품이기 때문에 가격이 높은 것이다. 그저 가격이 높다는 이유라면 그건 명품이 아니라 사치품에 가까울 테니 말이다.

그럼에도 종종 어디까지가 명품이고, 또 어디까지를 사치품이라고 하는지 혼란스러울 때가 있다.

이탈리아의 유명 명품 브랜드에서 '머니클립'을 출시했다. 이 클립의 가격은 무려 185달러, 우리 돈 약 20만 원 수준이었다. 그런데 클립을 실제로 보니 그저 모퉁이에 회사 로고가 새겨져 있을 뿐, 일반적인 클립과 별반 다를 게 없어 논란이 일었다. 명품이라는 브랜드 이미지를 앞세워 과도한 가격을 책정한 것 아니냐는 비판을 받기도 했다.

과도한 가격 책정으로 논란이 됐던 프라다 머니클립, 종이봉투와 유사한 질 샌더 백, 이케아 쇼핑백을 닮은 발렌시아가 쇼핑백. 발렌시아가 쇼핑백의 가격은 우리 돈 200만 원을 넘는다

오죽하면 업계 우스갯소리 중 하나가 "모피코트가 하도 팔리지 않아 낙담하다가 실수로 뒤에 0을 하나 더 붙였더니 불티나게 팔렸다."라는 이야기일까. 상품에는 아무 변화가 없고 단순

히 가격만 오른 셈인데, 판매가 줄기는커녕 오히려 더 많이 판매되는 진풍경이 벌어지기도 한다.

비쌀수록 잘 팔린다

상품의 가치가 높으면 높을수록 가격도 오르기 마련이다. 하지만 상품의 가치는 그대로인데 단순히 가격만 높아졌다고 해서 그 상품이 잘 팔린다면 어떻게 해석해야 할까? 판매자가 소비자를 속인 걸까, 아니면 소비자가 알면서도 속는 척하고 사는 걸까.

우리는 상품을 살 때 여러 기준을 두고 판단한다. 가장 큰 기준은 실용성이다. 디자인이나 서비스도 고려할 수 있겠지만 예술품이나 전시 목적이 아니고서야 어디까지나 실용성을 기준으로 한다. 사례로 들었던 머니클립도 결국엔 사용할 상품이니 실용성을 고려해야 한다.

실용성의 측면에서 볼 때 일부 명품들의 가격은 터무니없어 보인다. 그럼에도 판매가 가능한 이유는 명품이 실용성 범위의 밖에 있기 때문이다. 명품은 그 자체만으로도 소유하고 싶은 욕구가 생긴다. 반면 사치품은 남들과 달리 자신만이 값비싼 물건을 살 수 있다는 과시적 욕구에 있다. 시중에서 논란이 되는 일부 명품은 사치품의 심리도 들어있는 셈이다.

자신의 부를 과시하는 집단, 유한계급

"나는 남들이 사지 못하는 상품을 살 수 있다."와 같은 보여주기식 소비를 가리켜 경제에서는 '과시적 소비' 또는 '과시적 수요'라고 한다. 이는 노르웨이 출신의 한 사회학자가 쓴 책에서 유래됐는데 그가 바로 베블런T.B.Veblen이다.

베블런은 자신의 저서 『유한계급론』을 통해 생산적인 노동에는 관심이 없고 사회 상류층에 존재하며 자신의 부를 과시하는 집단을 가리켜 '유한계급'이라 칭했다. 또한 당시 상류층의 과시적인 소비, 허영심을 통렬하게 비판했다.

과거 '연예인 시계'라고 해서 명품 시계 열풍이 불었던 적이 있다. '영국의 엘리자베스 여왕과 다이애나 빈이 착용했던 왕실 시계'라는 홍보 문구로 시계 하나에 적게는 수천만 원에서 크게는 1억 원에 판매되기도 했다. 하지만 국산의 저가 시계를 조립한 소위 짝퉁 시계임이 밝혀지면서 큰 이슈가 됐다. 속여 판 업체에 대한 비난 여론만큼이나 거셌던 것이, 명품이면 우선 사고보는 지나친 사치 풍조에 대한 비난이었다.

한 가지 특이했던 건 오히려 사기를 당한 사람들이 아무런 입장도 표명하지 않았다는 점이다. 망신을 당하는 게 두려워서 말이다. 애초에 보여주기 위한 목적의 소비였기에 그러하지 않았을까?

명품시장도 치열한 경쟁이다. 비싼 가격에 따르는 그만큼의 품질, 사후 서비스, 브랜드 가치 등이 있어야 명품으로 유지될 수 있다. 명품을 표방했다가 이내 퇴출당하는 짝퉁 시장도 그 나름대로는 치열한 경쟁을 벌이고 있을 정도다.

　당신이 명품을 구매한다고 해서 나쁜 건 아니다. 누구에게 비난받을 이유도 없다. 다만 그것이 정말 소유욕인지, 아니면 남을 위한 과시욕인지는 한번 고려해보길 바란다. 단순한 과시욕이라면 이후 또 다른 과시욕이 뒤따를지 모른다.

정보 비대칭

역선택

중고차와 역선택

차를 살 때 누구나 한 번쯤 이런 고민을 했을 것이다. "새 차를 살까, 아니면 저렴한 중고차를 살까?" 새 차를 사면 그리 신경 쓸 필요가 없다. 굳이 따진다면 가격 정도다.

하지만 중고차를 산다면 이야기는 달라진다. 해당 중고차의 시세, 차량 상태 등을 꼼꼼히 확인해야 하고 때로는 허위매물까지 고려해야 한다. 누군가는 저렴한 가격에 괜찮은 중고차를 구매했다고 말하지만 중고차로 인한 피해를 봤다는 소식도 자주 들린다. 중고차를 살 예정인데 차에 대해 모르는 사람들은 걱정부터 앞설 것이다.

안타깝지만(?) 중고차를 잘 사는 방법을 다룬 경제이론은 없다. 차에 대해 잘 알거나, 허위 매물이 아닌지 조심하는 게 최선이다. 다만 중고차 문제가 왜 발생하는지는 경제이론으로 설명할 수 있다. 바로 '역선택'이다. 역선택은 판매자와 구매자의 정보 비대칭 문제로 인해 자신이 원하지 않았던 선택이나 거래를 하는 현상을 말한다.

정보의 부족

당신은 지금 중고차를 사러 중고차 시장에 방문했다. 당신이 차에 대해 전문가가 아닌 이상 해당 중고차가 침수 차인지 혹은 사고 차인지 정확히 판단하긴 어렵다. 하지만 딜러(판매자)는 차에 대한 정보가 많다.

구분	판매자	소비자
좋은 중고차	1,000만 원	900만 원
나쁜 중고차	600만 원	500만 원

중고차의 성능에 따른 구분

먼저 중고차를 좋은 중고차와 나쁜 중고차로 나눠보도록 하

자. 판매자는 좋은 중고차를 최소 1,000만 원에 팔 의향이 있고 나쁜 중고차는 최소 600만 원에 팔 의향이 있다. 중요한 건 해당 중고차에 대한 정보는 판매자만 알고 있다.

반면 소비자인 당신은 좋은 중고차라면 900만 원까지 낼 의향이 있고 나쁜 중고차라면 500만 원까지 낼 의향이 있다. 여기서도 중요한 건 정보 비대칭, 당신은 해당 중고차가 좋은지 나쁜지 모른다는 점이다.

나쁜 중고차만 거래된다

만약 좋은 중고차와 나쁜 중고차를 만날 확률이 반반일 경우 당신은 얼마를 지불해야 할까? 지불용의 금액의 평균인 700만 원을 제시할 것이다.

이제 판매자 입장을 생각해보자. (여기서는 한 판매자가 두 중고차를 모두 판매하는 것으로 표시했지만, 시장에 좋은 중고차만을 판매하는 판매업자와 나쁜 중고차만을 판매하는 판매업자가 있다고 가정해보자) 좋은 중고차를 판매하는 판매업자는 자신이 받아야겠다고 생각하는 금액 (1,000)과 소비자가 제시하는 금액(700)의 차이가 크므로 판매하지 않고자 할 것이다. 팔면 손해이기 때문이다. 하지만 나쁜 중고차를 판매하는 판매업자는 오히려 이득을 보게 될 것이다. 자신이 받고자 하는 금액(600)보다 더 많이 받게 되는 셈이니 말이다.

정보 비대칭에 따른 역선택이 발생하면 결국 시장에는 나쁜 중고차만 거래되기에 이른다. 이를 가리켜 "겉으로 멀쩡해 보이는 상품만 거래되는 시장과 같다."라고 하여 '개살구시장(레몬시장)'이라고도 한다.

역선택의 해결방법

"좋은 중고차를 파는 업자가 자신의 중고차가 좋은 차임을 소비자에게 설명하면 되지 않을까?"라고 생각할 수 있다. 실제로도 그렇다. 정보를 알려주는 방법으로 정보 비대칭을 해결할 수 있다.

과거에는 중고차 매매단지에 직접 가지 않고서는 중고차에 대한 정보를 얻기 어려웠다. 또한 차에 대해 잘 모르는 경우에는 순전히 판매자의 말만 믿고 사야 하는 상황이다 보니 종종 부풀린 가격을 내기도 했다.

하지만 최근에는 온라인을 통해 해당 중고차의 외관 사진, 주행거리, 사고 유무 등을 미리 확인할 수 있다. 그뿐만 아니라 일부 중고차 판매업체는 새 차 못지않은 보증서비스를 약속한다. 소비자에게 제공한 차량 정보에 거짓이 없다는 확인을 다시금 확인함으로써 역선택을 방지하는 셈이다.

일상 속 역선택

역선택과 정보 비대칭의 문제는 중고차에만 한정되지 않는다. 심지어 직장에서도 역선택을 찾아볼 수 있다. 대표적인 것이 임금이다. 동종업계의 평균 수준을 지급할 때보다 높은 임금을 제시하면 그만큼 우수한 지원자들이 몰린다는 점에 주목한 것이다. 실제로도 경제에서는 '효율임금이론'으로 연구된 바 있고 노동시장에서 쉽게 찾아볼 수 있는 사례다.

이외에도 병에 걸릴 확률이 높은 이들이 보험에 가입한다든지, 은행에서 대출 금리를 인상하자 오히려 돈을 갚기 어려운 이들이 대출을 받는 것 등이 역선택에 해당한다.

보험회사 입장에서도 이를 잘 알고 있다. 보험에 가입할 때 과거 질병 이력이나 치료 사실 등을 조회한 후 보험서비스를 제공하는데 역선택을 방지하기 위한 행동이라고 볼 수 있겠다. 은행도 마찬가지다. 지불 능력이 되는지 심사한 후 그에 따른 대출금 수준을 결정한다. 정보 비대칭이 발생하는 곳이라면 어디든지 역선택이 나타날 수 있다.

기대효용
보험

위험에 따른 구분

구분	앞면	뒷면
확률	50%	50%
보상	+100	−100
기대치	0	

동전 던지기 게임에서의 확률

동전 던지기 게임을 하게 됐다. 확률은 반반이며, 앞면이 나오면 100원을 받고 뒷면이 나오면 100원을 잃게 된다. 이 경우 기대치를 계산해보면 0이다. 참여하든 그렇지 않든 아무런 차이가 없다.

구분	앞면	뒷면	구분	앞면	뒷면
확률	50%	50%	확률	50%	50%
보상	+90	−110	보상	110	−90
기대치	−10		기대치	10	

불리한 게임과 유리한 게임

이제 앞면이 나오면 90원을 얻고 뒷면이 나오면 뒷면이 나오면 110원을 잃는 경우를 생각해보자. 기대치는 −10이므로 참가자에게는 불리한 조건이다. 그럼에도 이 게임에 참가해 90원을 얻고자 하는 사람은 분명 있을 것이다. 경제에서는 '위험선호자'라고 한다.

반대로 앞면이 나오면 110원을 얻고 뒷면이 나오면 90원을 잃는 경우도 있다. 기대치는 +10인만큼 참가자에게는 유리한 조건이다. 그러나 여기서도 돈을 잃을 것을 염려하는 사람이 있기 마련이다. 이를 '위험기피자'라고 한다. 핵심은 같은 확률임에도 개인이 느끼는 위험 정도에는 차이가 있다는 것이다.

기대치와 기대효용

위험선호자인 A와 위험기피자인 B가 있다. 이들은 화재보험에 가입하고자 한다. 재산은 각각 10억 원이며 불이 나면 9억 원의 피해를 보게 된다. 그리고 불이 날 확률은 20%이다. 이때 기대치를 계산하면 다음과 같다.

$$10억 원 \times 0.8 + 1억 원 \times 0.2 = 8억 2천만 원$$

A와 B의 기대치는 같다. 이들이 위험을 어떻게 느끼는가는 중요하지 않다. 불이 날 확률, 그리고 지금의 재산과 피해액만 알면 된다. 중요한 점은 A와 B가 이 화재보험에 대해 느끼는 기대효용에 있다. 기대치가 객관적인 수치라면, 기대효용은 각 개인이 기대치에 대해 느끼는 주관적인 수치이다. 이 경우 위험기피자인 B는 해당 보험에 대해서 A보다 더 높은 효용을 느낄 것이다.

편의상 A가 보험에 대해 느끼는 기대효용을 0.2, B가 느끼는 기대효용을 0.8이라고 해보자. 그러면 A와 B의 기대효용은 다음과 같이 나타낼 수 있다.

$$A의 기대효용 : 8억 2천만 원 \times 0.2$$
$$B의 기대효용 : 8억 2천만 원 \times 0.8$$

같은 기대치를 갖는 보험임에도 B가 느끼는 기대효용이 훨씬 큼을 알 수 있다.

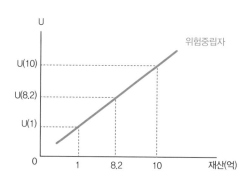

위험중립자의 기대치와 기대효용

각 재산에 따른 기대효용을 그래프로 나타낸 것이다. 1억 원이라는 재산에 대해 각 개인이 느끼는 기대효용의 크기는 분명 다르다. 하지만 0.5의 확률, 위험을 선호하지도 않으며 회피하지도 않는 위험중립자를 기준으로 보면 U(1)로 연결해볼 수 있다.

같은 원리로 10억 원, 그리고 위 보험의 기대치이기도 한 8.2억 원의 기대효용도 연결해보자. 이를 하나의 선으로 연결하면 위험중립자의 기대효용이다.

위험기피자는 보험료를 더 낸다

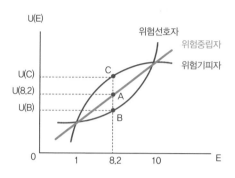

위험중립자의 기대치와 기대효용

위험기피자는 보험을 통해 자신의 피해를 줄일 수 있는 만큼 기대효용도 높을 것이다. 그러므로 C점이 위험기피자의 기대효용임을 알 수 있다. 반대로 위험선호자의 기대효용은 그만큼 낮게 나타나며 그래프의 B점에 해당한다. 재산의 크기가 같더라도 위험을 어느 정도로 느끼느냐에 따라 기대효용은 다르게 나타난다.

그럼 보험료는 얼마에 결정될까? 먼저 위험중립자는 기존의 재산인 10억 원과 화재 발생 시의 기대치인 8억 2천만 원을 뺀 1억 8천만 원 내에서 결정될 것이다. 그 이상을 보험료로 지불하면 자신의 기대효용보다 낮아지기 때문이다.

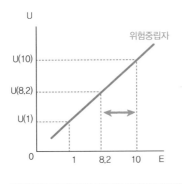

위험중립자가 지불할 수 있는 보험료

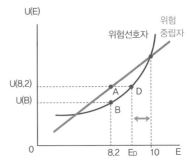

위험선호자가 지불할 수 있는 보험료

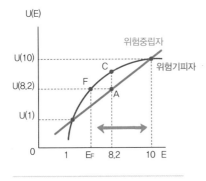

위험기피자가 지불할 수 있는 보험료

반대로 위험선호자는 8.2억 원이라는 재산에 대해 느끼는 기대효용이 낮다보니 보험료도 그만큼 적게 지불하고자 할 것이다. 위 그래프에서와 같이 U(8.2)와 만나는 D점의 재산(E_D)과 10억 원 사이가 보험료의 크기가 된다.

마지막으로 위험기피자는 위험선호자와 정반대로 8.2억 원보다 적은 재산(E_F)임에도 U(8.2)만큼의 효용(F)을 느끼고 있다. 그러므로 위험기피자는 최대 E_F에서 10억 원 사이의 보험료를 지불할 것이다.

보험회사 입장에서는 가입자가 위험을 선호하는지 회피하는지 알 길이 없다. 그래서 사고 이력이 있는 경우에는 그만큼 보험료를 높게 책정하고 무사고인 경우에는 보험료를 할인해주는 혜택을 제공한다. 화재보험뿐 아니라 자동차보험도 마찬가지이다. 만약 당신이 보험가입을 고려하고 있다면 현명한 선택이다. 위험을 막는 것은 중요한 문제다. 다만 적정 수준의 보험료인지 따져볼 필요는 있다.

동기부여
인센티브

동기부여와 인센티브

당신이 직장인이라고 생각해보자. 회사에서 이번 달 목표를 달성하면 성과급을 올려주겠다고 했다. 그만큼 더 열심히 일할 유인이 생길 것이다. 동시에 다른 직원들도 목표를 달성하고자 할 것이므로 전체적인 생산성 향상도 기대해볼 수 있다.

학교에서도 동기부여를 찾아볼 수 있다. 이번 학기에 토익 700점을 넘으면 20만 원을, 800점을 넘으면 50만 원의 격려금을 준다고 가정하자. 그러면 700점을 목표로 공부하던 학생들은 800점을 넘기 위해 좀 더 열심히 공부할 것이고 결과적으로 학생 전체의 토익 성적이 향상될 수 있다.

이렇듯 의사결정 과정에 영향을 미치는 자극이나 동기부여의 수단을 가리켜 '인센티브'라고 한다.

인센티브는 우리 경제에서 편익과 비용 측면으로 따져볼 수 있다. 특허제도를 생각해보자. 이 제도는 창의적인 발명을 한 사람에게는 일정 기간 독점 권리를 보장해준다. 편익을 증대시키는 인센티브를 제공한 것이다.

반대로 비용을 생각해보자. 발전 가능성이 높은 중소기업에는 저금리 대출을 제공해줌으로써 투자를 촉진하는 경우가 있다. 비용을 절감시키는 인센티브를 제공한 것이다. 인센티브의 가장 큰 특징은 경제 주체들이 특정 목표를 '자발적'으로 선택할 수 있게끔 유도한다는 데에 있다.

인센티브의 예

"쓰레기를 버릴 때 쓰레기봉투에 담아서 버려야 한다." 이 사실을 모르는 사람은 없을 것이다. 하지만 불과 20여 년 전만 하더라도 쓰레기는 쓰레기봉투에 담지 않았다. 또한 쓰레기봉투라는 개념도 없어서 아무 봉투에나 담아도 문제가 되지 않았다. 당시에는 재산세를 기준으로 쓰레기 처리 수수료를 징수하다 보니 쓰레기를 많이 버리건 적게 버리건 내야 할 수수료에 차이가 없었다.

　그러던 것이 지난 1995년에 쓰레기 종량제를 실시하면서 큰 변화가 생기기 시작했다. 이제는 쓰레기봉투를 사서 쓰레기를 버려야 했다. 처음에는 반발이 있었지만 결과는 놀라웠다. 배출되는 쓰레기의 양이 현격히 줄어들면서 쓰레기 운반 및 매립비용도 많이 감소했다. "적게 쓰면 적게 낸다."는 인센티브의 원리가 빛을 발하는 순간이었다.

　인센티브 하면 금연을 빼놓을 수 없다. 보통 금연이라고 하면 '새해 목표' 정도에 그치는데 아래 기사를 보면 인센티브가 금연에 성공적인 동기부여로 작용했음을 알 수 있다.

노원구 금연 도전자 10명 중 2.5명 금연 성공

2017.11.30. 아시아경제

- 노원구, 24개월 금연 성공자 1,199명에게 현금 등 3억 6천만 원 인센티브 제공… 금연인센티브 30만 원 지급하니 성인 남성 흡연율 3년 연속 하락
- 서울시 노원구 금연환경조성 특별회계 설치조례를 제정해 금연구역 내 흡연자에게 부과되는 과태료를 재원으로 하여 금연 성공자에게 인센티브를 제공

주목할 점은 흡연자에게 부과되는 과태료다. 보통 인센티브라고 하면 보조금이나 혜택과 같은 편익만 떠올리기 쉬운데 이는 긍정적인 활동을 유도할 때 쓰이는 방법이다. 반대로 부정적인 활동을 근절할 때는 벌점을 주거나 과태료를 부과한다.

인센티브의 배반

우리가 목표를 정하고 실천해나감에 있어 인센티브가 주는 동기부여는 분명하다. 하지만 인센티브의 원리가 어긋나는 경우도 있는데 대표적으로 도덕적인 영역 활동을 예로 들 수 있다.

헌혈을 생각해보자. 헌혈을 하고 나면 영화표라든지 다른 기념품을 받곤 하는데, 우리가 영화표를 받기 위해 헌혈을 하지는 않는다. 봉사라는 인식을 갖고 있기 때문이다. 그래서 인센티브를 통해 헌혈을 하게 되면 마치 자신의 행위가 대가를 바라는 것처럼 느끼게 되어 오히려 거부감을 느낀다.

어린이집 이야기도 들 수 있다. 아이를 늦게 찾으러 오는 부모들이 많아지자 어떤 어린이집에서는 벌금을 매기기로 했다. 벌금을 매기면 부모들이 제때 올 것이라는 생각에서였다. 결과는 정반대였다. 이제는 부모들이 대놓고 늦게 오기 시작한 것이다. 이전에는 늦게 오는 것에 대한 미안함이 앞서서 서둘렀는데, 벌금을 부과하자 "늦으면 그냥 벌금을 내면 된다."는 생각을 하게 됐다.

투표에도 적용된 사례가 있다. 투표율이 점차 낮아지다 보니 생긴 고육지책인데, 투표를 한 사람들에게 몇 가지 혜택을 제공해주기로 했지만 투표율에는 큰 변화가 없었다. 이에 의무투표제를 도입하여 투표를 강제했다. 투표율은 크게 상승했지만, 비판의 목소리가 생겼다. 선거는 개인의 신성한 권리이자 자유인데 이를 경제적 논리로 훼손시킨다는 이유였다.

세상 모든 일에 보상이 따른다면 얼마나 좋을까? 하지만 위 사례를 살펴보면 알 수 있듯이 반드시 그런 것만은 아니다. 인센티브가 효과적으로 작동할 수 있는 영역이 있지만 그렇지 않은 영역도 있다.

인센티브라는 경제적 유인을 적용할 때는 목표가 무엇인지, 보상이 갖는 의미는 어떤지 등을 잘 따져볼 필요가 있겠다. 헌혈이나 어린이집 사례, 그리고 투표를 통해 보았듯이 최고의 인센티브는 인센티브 없는 순수한 동기부여 그 자체에 있다.

가격의 비밀
가격차별

얼마까지 낼 수 있는가?

앞서 환율을 다룰 때 일물일가를 설명했었다. 상품의 가격이 다르면 상품을 재판매하는 차익 거래가 발생하므로 결국 하나의 가격이 된다는 원리다.

하지만 실제 경제에서는 같은 상품이더라도 상황에 따라 가격이 높아지는 경우가 있다. 시장에서 1,000원이면 살 수 있는 생수가 해수욕장에서는 1,500원에 판매된다든지, 편의점 상품이 대형마트보다 좀 더 비싸다든지 하는 게 대표적이다. 이유는 간단하다. 소비자들이 지불할 수 있는 수준의 가격을 책정했기 때문이다.

반대로 가격이 낮아지는 경우도 있다. 같은 손님이더라도 수능을 치른 학생들에게는 할인된 가격을 적용해준다든지, 조조영화는 일반 영화 시간대보다 낮은 가격에 관람할 수 있다는 것 등을 꼽을 수 있다. 기업 입장에서 한 명의 소비자라도 더 끌어모으기 위한 전략인 셈이다.

정반대의 상황이지만 여기에는 공통점이 있다. 바로 소비자의 지불의사에 따라 가격을 다르게 책정했다는 것이다. 경제에서는 '가격차별'이라고 해서 기업의 판매 전략을 설명하는 이론으로 소개하고 있다.

가격차별은 크게 세 가지로 구분한다. 먼저 개별 소비자의 지불의사에 따라 가격을 부과하는 '1급 가격차별', 소비자가 아닌 해당 상품의 사용량에 따라 가격을 부과하는 '2급 가격차별', 소비자의 연령이나 성별, 그리고 집단에 따라 가격을 부과하는 '3급 가격차별'이 여기에 해당한다.

1급 가격차별

최신 스마트폰에 대한 선호는 사람마다 다르게 나타난다. 어떤 이는 60만 원의 지불의사가 있는 반면 또 다른 이는 70만 원의 지불의사가 있을 것이다. 그렇다면 스마트폰의 가격이 일률적으로 50만 원에 책정됐다고 해보자. (1장에서 다룬 효용가치설을 떠올려볼 때) 이 경우 소비자는 각각 10만 원, 20만 원 만큼의 추가 만족감을 얻었음을 알 수 있다. 추가적인 만족감을 '잉여'라고 하며 여기에서는 '소비자잉여'라고 한다.

그런데 기업 입장에서 이들의 지불의사를 정확히 파악하고 있다면 어떨까? 60만 원의 지불의사가 있는 고객에게는 60만 원에, 70만 원의 지불의사가 있는 고객에게는 70만 원에 판매하는 것이다. 결과적으로 소비자잉여는 0이 되고 기업은 최대 이익을 얻게 되는데, 이를 1급 가격차별이라고 한다.

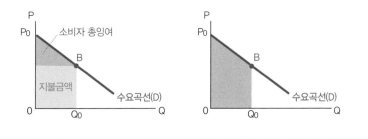

1급가격차별

1급 가격차별은 그래프로도 설명할 수 있다. 먼저 왼쪽 그래프의 수요곡선(D) 아래 영역을 삼각형과 사각형으로 나눠보자. 사각형은 스마트폰 가격이 책정됐을 때 소비자가 지불하는 금액이다. 삼각형은 서로 다른 지불의사를 갖는 소비자들의 총잉여를 나타낸다. 가령 스마트폰 가격이 50만 원으로 책정됐다면, 100만 원의 지불의사를 가진 사람은 50만 원을 뺀 나머지인 50만 원, 99만 원의 지불의사를 가진 사람은 49만 원의 잉여를 얻는다. 이런 식으로 나열하면 삼각형 형태가 된다.

이제 오른쪽 그래프를 보자. 1급 가격차별을 적용하였기에 소비자의 잉여는 존재하지 않는다. 기존 삼각형의 소비자잉여가 모두 생산자의 수익으로 돌아간다.

경제 전체적으로 볼 때 1급 가격차별이 바람직하다고 볼 수는 없다. 하지만 기업 입장으로만 보면 세 가지 가격차별 중 가장 유리한 전략인 건 분명하다. 다만 1급 가격차별이 성립하기 위해서는 개별 소비자의 지불의사를 정확히 파악해야 한다는 점에서 비현실적이라고 볼 수 있다. 경매방식에 따른 거래가 대표적인 사례다.

2급 가격차별

2급 가격차별은 1급 가격차별보다 기업에 덜 유리하지만 우리 주위에서 쉽게 찾아볼 수 있을 정도로 현실적인 전략이다. 전기나 수도 요금과 같이 사용량에 따라 가격을 다르게 책정하는 것, 마트에서 상품을 묶어 팔 때 가격을 달리 매기는 것 등이다.

S사		K사		L사	
29,900원	300MB	29,900원	300MB	29,900원	300MB
36,000원	1.2GB	34,900원	1GB	33,900원	1GB
42,000원	2.2GB	39,900원	2GB	38,900원	2GB
51,000원	6.5GB	49,900원	6GB	49,900원	6GB
61,000원	11GB	59,900원	10GB	59,900원	10GB
100,000원	35GB	99,000원	30GB	99,000원	30GB

통신사의 데이터 중심 요금제 예시

위 표는 데이터 제공량에 따른 금액을 나타내고 있다. 만약
월 데이터를 1GB 사용한다면 3만 원대의 요금제를 선택하면
된다. 하지만 만 원만 추가하면 2GB의 데이터를 사용할 수 있
다. 사용량은 두 배가 되지만 추가금액은 그리 크지 않다는 점
을 이용하는 전략이다.

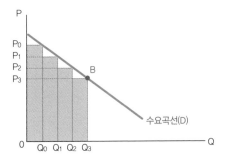

2급 가격차별

2급 가격차별도 그래프로 나타낼 수 있다. 1급에서는 하나의 선이었다면 여기서는 막대 형태라고 보면 된다. 1급 가격차별에서는 발생하지 않았던 소비자잉여가 작게나마 존재한다. 개별 삼각형이 소비자잉여의 크기다.

3급 가격차별

3급 가격차별은 상품이 아니라 소비자를 구분하는 방식이다. 시장 상황에 따라 다양하게 변할 수 있는 전략인 만큼 그래프를 통한 원리 해석보다는 특정 사례를 이해하는 게 중요하다. 대표적으로 항공권 가격, 영화관의 할인제도를 예로 들 수 있다.

여행이 목적인 사람과 출장이 목적인 사람을 생각해보자. 비행기를 이용한다는 점은 동일하지만 여행이 목적인 사람은 항공권을 예약할 때 가격을 꼼꼼하게 따져볼 것이다. 반대로 출장이 목적인 사람은 일정에 맞춰서 예약하고 가격에도 민감하게 반응하지 않는다.

실제로도 항공권 가격은 성수기와 비수기에 따라 달라지며 주말과 평일에도 차이가 있다. 같은 날임에도 불구하고 아침에 출발하는 경우와 저녁에 출발하는 요금도 다르다. 비행기를 이용하는 승객의 특징이 다르다는 점을 노린 전략이다.

우리가 자주 가는 영화관에서도 3급 가격차별을 찾아볼 수 있는데, 바로 조조할인이다. 오전 시간에 관람객이 적다는 점을 이용한 제도이다. 이외에도 놀이공원에서 주간과 야간의 요금이 다른 것, 청소년과 성인의 요금을 다르게 받는 것 등을 예로 들 수 있다.

3급 가격차별은 기업의 전략이긴 하나 이를 잘 이용하면 소비자 입장에서도 이득이 될 수 있는 부분이 많다. 만약 당신이 이번 주말에 영화관람 계획을 세웠다면 조조영화를 보는 것도 하나의 선택일 수 있다. 물론 조금의 부지런함이 필요하겠지만 말이다.

게임 이론
겁쟁이 게임

죄수의 딜레마

두 죄수가 심문을 받고 있다. 만약 둘 중 한 사람만 자백한다면
자백한 사람은 석방되고 다른 이는 중형을 받는다. 둘 다 침묵
하면 비교적 낮은 형량에 그치지만 둘 다 자백할 경우에는 그에
따른 형량을 받게 된다. 만약 당신이 죄수라면 어떤 선택을 내
리겠는가? 여기에서 핵심은 상대의 선택을 고려해야 한다는 데
있다.

구분		죄수 A	
		침묵	자백
죄수 B	침묵	(1년, 1년)	(석방, 10년)
	자백	(10년, 석방)	(5년, 5년)

두 죄수가 침묵과 자백을 선택할 때 받게 되는 형량

괄호 안의 숫자는 A, B 두 죄수가 침묵하거나 자백했을 때 받게 될 형량을 나타낸다. 만약 A가 자백했는데 B는 침묵한다면 A는 석방되고 B는 10년이라는 중형을 받게 되는 식이다. 표를 해석했을 때 두 죄수에게 가장 이득이 되는 결과는 '침묵'임을 알 수 있다.

이제 두 죄수의 처지에서 생각해보자. 먼저 A는 자신이 침묵하면 B의 선택에 따라 1년 혹은 10년을 선고받지만, 반대로 자신이 자백하면 석방 또는 5년을 선고받게 된다. A 입장에서는 침묵보다 자백이 더 나은 결과를 가져다주는 셈이다. 이는 B 또한 마찬가지이다.

만약 두 죄수 간에 침묵하기로 입을 맞추었다면 둘 다 1년의 형량을 받는 결과가 나올 것이다. 하지만 "나는 침묵했는데 상대가 자백하면 어쩌지?" 하는 불안감이 남게 되는데, 이를 가리켜 '죄수의 딜레마'라고 한다.

기존 경제이론에서는 소비자와 공급자가 자신의 뜻에서 이익이 되는 결정을 하더라도 그 자체로 최적의 결과를 가져올 수 있었다. 상대의 입장은 굳이 고려할 필요가 없었다. 하지만 죄수의 딜레마에서는 이야기가 달라진다. 다른 이의 선택으로 자신의 결과가 달라지기 때문이다. 경제에서는 이를 게임 이론이라고 하여 개인 간의 선택 혹은 기업 간의 전략 등에 적용한다.

내쉬균형

내쉬균형은 영화 〈뷰티풀 마인드(2002)〉의 실제 주인공이기도 했던 천재 수학자 존 내쉬J.F. Nash의 이름을 딴 이론이다. 실제로는 매우 어려운 이론이니 간단한 사례 정도로 살펴보자.

구분		삼성	
		진입	철수
애플	진입	(8, 6)	(4, 4)
	철수	(4, 4)	(6, 8)

삼성과 애플의 진입과 철수에 따른 보수

괄호 안은 두 기업이 새로운 사업에 진입하거나 철수할 시 얻는 이익을 나타내고 있다. 해석은 죄수의 딜레마와 같다.

먼저 삼성이 진입할 경우 애플의 선택에 따라 8 또는 4의 보수를 얻는다. 반면 삼성이 철수를 결정할 경우 4 또는 6의 보수를 얻는다. 죄수의 딜레마와 달리 어느 한 선택이 완벽하게 유리하지 않은 상황임을 알 수 있다. 이는 애플 입장에서도 마찬가지다.

두 기업은 어떤 선택을 내려야 할까? 물론 상대의 대응을 고려한 결정을 해야 할 것이다. 먼저 삼성은 애플이 진입하면 진입을, 애플이 철수하면 철수를 선택하는 게 유리하다. 애플 입장에서도 마찬가지다.

균형은 '진입-진입', '철수-철수'의 두 가지로 나타난다. 여기서는 두 기업 간의 사례만 들었지만 세 기업을 예로 들 수도 있다. 물론 그만큼 복잡해질 것이다.

내쉬균형은 "개인이 자신의 이익을 위해 노력할 때 최선의 결과가 나타난다."라는 경제 원리가 불완전할 수 있음을 설명했다. 실제로도 내쉬는 수학자임에도 불구하고 이 공로로 1994년 노벨경제학상을 받았다.

누가 더 겁쟁이인가?

'치킨 게임'은 겁쟁이 게임이라고도 한다. 경쟁하는 둘 중 어느 한쪽이 포기하면 포기한 쪽이 손해를 보고 끝난다. 그런데 만약 포기하지 않고 끝까지 갈 경우에는 양쪽 모두 큰 손해를 보게 된다. 누군가 중도 포기해야 하는데 이 경우 겁쟁이 취급을 받기 두려워 끝까지 가다 전부 큰 피해를 입게 된다.

두 사람이 자동차를 탄 채 서로 마주 보고 돌진하는 모습을 떠올려보자. 이때 핸들을 돌리지 않는다면 두 사람 모두 치명적인 부상을 입을 게 분명하다. 하지만 먼저 피하면 겁쟁이라는 소리를 듣게 될 게 두려워 위험을 감수하고 돌진하는데, 치킨 게임의 대표 사례다.

- 전기차 배터리 치킨 게임… 韓·日설비 경쟁 본격화

                               - 2017.12.15. 이투데이

- 내년 낸드플래시 공급과잉… '치킨 게임' 불붙나

                              - 2018.01.04. 디지털타임스

- 서울반도체, 자동차 조명사업으로 중국의 LED 치킨 게임 극복한다

                            - 2018.02.06. 비즈니스포스트

치킨 게임은 승자가 될 경우 얻는 이익이 매우 크다 보니 때로는 적자까지 감수하면서 과다한 경쟁으로 치닫는다. 대표적인 분야가 반도체다. 기사에서 알 수 있듯 우리나라는 중국의 추격을 따돌리고자 반도체 분야에 막대한 투자를 함으로써 승

자의 이득을 보겠다는 것이다.

정치, 국제관계에서도 종종 치킨 게임이 나타난다. 과거 미국과 소련 간의 군비 경쟁을 들 수 있다. 양측 모두 군비경쟁을 없앨 경우 이득이 되는데 자신만 하지 않을 경우 뒤처질 것을 염려해 군비증강에 열을 올린다. 참고로 말하자면, 결과는 냉전이었다.

담뱃값 인상
가격의 탄력성

담배 가격 인상, 성공했을까?

지난 2015년, 담배 가격이 거의 2배 가까이 크게 인상됐다. 흡연자들의 강력한 반발이 있었음에도 그 인상 목적이 '국민건강증진'에 있다고 발표했다. 그로부터 몇 년이 흐른 지금도 금연 효과에 대한 논란은 끊이지 않고 있다. 그저 세금을 더 거두기 위한 꼼수가 아니었냐는 비판마저 나오고 있다. 지난 3년간의 기사를 살펴보자.

- 담뱃값 인상 1년⋯세수 4조 늘었는데 금연 효과는?

  − 2015.12.27. 한겨레

- 담뱃값 인상 '약발 끝'⋯서민 주머니만 털렸다

  − 2016.07.20. 경향비즈

- 줄었던 담배 소비량 다시 급증⋯가격 인상 금연 효과 '도루묵'

  − 2017.01.12. 연합뉴스

기사 제목만을 가지고 (특히 경제기사의 경우) 그 결과를 판단하는 것은 바람직하지 않다. 기준을 어떻게 두었는지도 그러하거니와 통계의 영역이다 보니 해석의 오류가 발생할 수도 있기 때문이다.

그렇다면 과연 담배 가격 인상이 흡연 감소라는 결과를 가져온 걸까, 아니면 단순히 정부의 세수 확보에 그친 걸까. 이를 알기 위해서는 먼저 '탄력성'이라는 개념을 살펴볼 필요가 있다.

담배와 탄력성

탄력성이란 어떤 변수로 인해 다른 결과가 변화할 때, 그 정도를 말한다. 예를 들어 물가가 오르니 수요가 크게 줄어들었다든지 금리가 올랐음에도 대출이 조금 감소했다든지 등은 모두 탄력성의 개념에 속한다. 전자는 탄력성이 큰 셈이고, 후자는 작다고 한다.

이번에 우리가 알고자 하는 것은 담배와 탄력성의 관계, 즉 담배 가격이 인상됨에 따라 담배 수요는 얼마나 감소하는가에 있다.

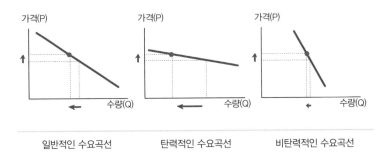

| 일반적인 수요곡선 | 탄력적인 수요곡선 | 비탄력적인 수요곡선 |

세 그래프 모두 우하향하는 것에 비춰볼 때 가격이 상승하면 그 수요가 점차 감소함을 알 수 있다. 위 상품을 담배라고 놓고 보면 담배 가격이 상승하면 담배 수요는 감소한다는 뜻이다.

다만 기울기에는 차이가 있다. 첫 번째 그래프는 가장 일반적인 수요곡선이다. 반면 두 번째 그래프는 매우 평탄한 모습으로, 가격이 조금만 변하더라도 수요가 크게 변화한다. 세 번째는 가격이 변동하더라도 수요에는 큰 변화가 없다. 세 개의 그래프 중 가장 탄력적이지 않다.

이처럼 기울기에 따라 그래프의 탄력성 정도가 달라지는 데 경제에서는 '수요의 가격탄력성'이라고 한다. 여기서는 대상이 담배인 만큼 '담배 수요의 가격탄력성은 크다(평탄하다), 작다(가파르다)'와 같이 나타낸다.

담배는 탄력적인가, 비탄력적인가?

담배 가격 인상이 담배 수요를 낮추는 금연 효과를 가져왔는지 아니면 기사처럼 정부의 세수만 증가시키는 것에 그쳤는지를 따져보려면 담배 수요의 가격탄력성을 알아야 한다. 만약 담배 수요의 가격탄력성이 크다면 2배 가까이 가격이 인상됨에 따라 수요는 급격히 감소했을 것이다. 반대로 그렇지 않다면 수요는 조금 감소하는 선에 그쳤을 것이다.

실제 담배 수요의 가격탄력성을 따져보니 (소득 수준이나 연령, 성별 등에 따라 차이나 있으나 이를 종합한 결과) '비탄력적'이라는 결과가 나왔다고 한다. 담배 가격이 올라도 수요는 조금 줄어드는 상품이라는 뜻이다.

만약 정부가 원래의 주장대로 국민건강을 목표로 했다면 더 높은 가격으로 인상했어야 한다. 쉽게 말해 가격의 저항선 이상으로 올려야 하는데 그러지 않았다는 것이다. 이번 담배 가격 인상이 그저 세수효과에 그쳤다는 비판이 나오는 이유가 여기에 있다.

노동시장
최저임금제

최저임금은 2009년 4,000원을 넘어서 2014년에는 5,210원 그리고 2016년에 6,030원으로 올랐고 2018년에는 7,530원까지 올랐다.

최저임금 인상에 대한 논의는 뜨겁다. 최저임금 상승으로 노동자의 삶이 개선될 것이라는 전망이 있는 반면, 반대편에서는 고용이 위축될 것이라는 전망도 나온다. 경제에서는 최저임금에 대해 어떻게 바라보고 있을까? 결과부터 말하자면 둘 다 맞는 말이다.

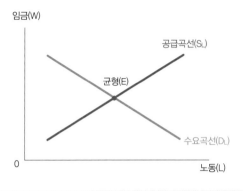

노동시장에서의 수요와 공급

최저임금을 알려면 먼저 노동시장을 살펴봐야 한다. 위 그래프는 노동시장에서의 균형을 나타내고 있다. 주목해야 할 것은 공급곡선(S_L)이다. 상품시장에서 수요자였던 이들이 노동시장에서는 공급자가 된다. 왜냐면 자신의 노동력을 제공하고 그에 따른 임금을 받기 때문이다. 반대로 수요곡선(D_L)은 회사, 즉 고용주가 된다.

일반적으로 노동자들은 임금이 높아지면 더 근로하고자 하므로 노동공급곡선은 우상향하지만 고용주들은 임금이 낮아지면 더 고용하고자 하므로 노동수요곡선은 우하향한다.

우리는 균형이라는 말을 들으면 좌우가 딱 맞는, 그래서 바람직한 결과라고 생각하곤 하는데 반드시 그렇지만은 않다. 예를 들어 어느 악덕 업주가 노동자를 시급 3,000원에 고용했다. 노동자는 일할 곳이 없다 보니 울며 겨자 먹기 식으로 일할 수밖에 없다. 이때의 균형은 3,000원이다. 그런데 이게 바람직한 균형인가?

반대로 노동조합이 10,000원 이하로는 일할 수 없다고 주장하자 사업주가 큰 부담을 지면서 수긍했다고 하자. 여기서도 10,000원은 분명 균형이다. 하지만 바람직한 균형은 아니다.

그동안 우리는 시장의 자유로운 거래에 따라 균형이 이뤄진다고 배웠고, 실제 그렇다고 생각해왔다. 하지만 그렇지 않은 경우는 어떻게 해야 할까? 바로 여기에 정부의 역할이 있다. 정부가 개입해 가격을 인위적으로 조정하는 것이다.

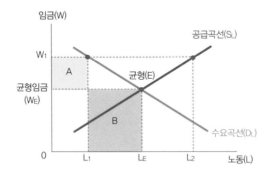

최저임금의 적용

정부가 균형임금인 W_E보다 높은 수준인 W_1으로 임금을 결정했다. 분명 시장의 수요와 공급에 비춰볼 때 균형보다 높다. 그럼에도 정부는 기존의 균형점이 너무 낮다고 판단하고 인위적으로 올렸다. 이제 어떤 결과가 나타날지 생각해보자.

살펴볼 것은 노동수요곡선, 바로 고용주다. 이들 입장에서 W_1의 임금을 지불하려면 L_1밖에 고용하지 못한다. 기존보다 고용할 수 있는 노동자 수가 줄어들었다. 그럼 L_1만큼 고용된 이들은 어떨까? 달리 보면 해고되지 않고 남아있는 노동자다. 이들이 받는 임금은 기존의 W_E에 비해 W_1으로 오르면서 최저임금 적용에 따른 장단점이 동시에 나타난다.

최저임금의 적용에 있어서는 여타 정책보다 더욱 신중해야 할 필요가 있다. 해당 정책이 누군가에게는 일자리를 잃는 결과를 가져다줄 수 있기 때문이다. 그러므로 최저임금 인상에 따른 충격을 최소화할 방안이나 정책이 추가로 적용될 필요가 있다.

다음 표는 최저임금제 도입 이후 지금까지의 최저임금 추이를 나타내고 있다. 당시의 물가와 비교해보며 최저임금의 적정 수준을 생각해보자.

년도	최저임금	인상률 (전년대비)	년도	최저임금	인상률 (전년대비)
1988 (첫 시행)	462.5원	(1그룹)	2003	2,275원	8.3%
	487.5원	(2그룹)	2004	2,510원	10.3%
1989	600원	26.3%	2005	2,840원	13.1%
1990	690원	15.0%	2006	3,100원	9.2%
1991	820원	18.8%	2007	3,480원	12.3%
1992	925원	12.8%	2008	3,770원	8.3%
1993	1,005원	8.6%	2009	4,000원	6.1%
1994	1,085원	8.0%	2010	4,110원	2.75%
1995	1,170원	7.8%	2011	4,320원	5.1%
1996	1,275원	9.0%	2012	4,580원	6.0%
1997	1,400원	9.8%	2013	4,860원	6.1%
1998	1,485원	6.1%	2014	5,210원	7.2%
1999	1,525원	2.7%	2015	5,580원	7.1%
2000	1,600원	4.9%	2016	6,030원	8.1%
2001	1,865원	16.6%	2017	6,470원	7.3%
2002	2,100원	12.6%	2018	7,530원	16.4%

최저임금 추이

쌀값(40kg): 1945년 0.35원 → 1975년 10,000원 → 1991년 50,000원 → 2015년 76,000원

 담배(1갑): 1965년 25원(아리랑) → 1985년 450원(솔) → 2005년 2,000원(디스) → 2015년 4,500원(에쎄)

 라면: 1963년 10원 → 1985년 100원 → 2000년 450원 → 2005년 600원 → 2015년 760원

 자장면: 1963년 25원 → 1980년 350원 → 1995년 2,100원 → 2005년 3,200원 → 2014년 4,500원

 영화: 1965년 65원 → 1975년 500원 → 1990년 4,000원 → 2000년 6,000원 → 2015년 9,000원

 시내버스: 1963년 5원 → 1980년 90원 → 2000년 600원 → 2010년 1,000원 → 2015년 1,300원

 휘발유(1L): 1960년 8원 → 1974년 150원 → 1985년 620원 → 2000년 1,260원 → 2015년 1,670원

물가변동 추이 (출처: 서울시 홈페이지)

행동경제학
넛지

인간의 행동을 연구하다

남자 화장실에 가보면 "한 발 더 가까이"라는 문구를 볼 수 있다. 소변기 앞에 떨어지는 소변의 양을 줄이기 위해서였지만, 효과는 미미했다. 어느 날 한 공항에서 기발한 아이디어를 냈다. 명령조의 문구 대신 소변기 안에 파리 모양의 스티커를 붙인 것이다. 그러자 바닥에 떨어지는 소변이 현격히 줄어들었다. 인간의 심리를 활용한 발상으로 평가받는다.

경제에서는 자신의 이익이나 편익, 비용 등을 고려하는 '합리적인 인간'을 가정한다. 모든 상황에서 합리적인 선택을 내릴 것이라는 게 경제의 주된 관점이다. 하지만 실제 합리적인 인간은 존재하지 않으며, 합리적인 행동도 쉽지 않다. 이에 인간의 실제 드러나는 행동 그 자체를 연구하기 시작했는데, 바로 '행동경제학'이다.

여기서는 행동경제학의 주요 사례를 소개해보고자 한다. 이를 통해 기존 경제의 한계점으로 평가받던 '제한된 합리성'을 극복할 방안에 대해 생각해보자. 어렵지 않다. "나라면 어땠을까?" 하는 생각으로 가볍게 읽어보길 권한다.

어느 것이 더 클까

주사위 놀이를 생각해보자. 이 주사위는 두 면이 파란색, 그리고 다른 네 면은 노란색으로 이루어져 있다. 파란색이 나오면 '파', 노란색이 나오면 '노'라고 하자. 그렇다면 주사위를 던졌을 때 '노-파-노-노-노', 그리고 '파-노-파-노-노-노' 중 어느 것이 나오기 쉬울까?

이 물음에 대해 대다수가 두 번째를 선택했다고 한다. 첫 번째와 달리 파란색의 수가 2번이나 나왔기 때문이다. 하지만 실제로는 첫 번째가 나오기 쉽다. 두 번째 경우로 나오려면 파란색이 먼저 나온 후 첫 번째의 '노-파-노-노-노'로 이어져야 하므로 확률은 더 낮다.

또 다른 경우를 생각해보자. 아래 값을 계산하면 결과는 얼마일까? 단 계산기를 사용해서는 안 된다.

- 8×7×6×5×4×3×2×1
- 1×2×3×4×5×6×7×8

행동경제학 관련 예시

같은 값을 곱하는 것이니만큼 결과는 동일할 것이다. 하지만 실제 결과는 흥미로웠다. 위쪽의 평균값은 2,250, 그리고 아래쪽 평균값은 512에 불과했다고 한다. 처음 어떠한 값을 인식하느냐에 따라 그 결과가 달라질 수 있는 것이다. 참고로 1에서 8까지 곱한 값은 40,320이다. 여러분은 정답에 얼마나 근접했는가?

실제로는 어떨까?
행동경제학의 사례는 우리 주위에서 쉽게 찾아볼 수 있다.

- 식당에서 음식을 먹고 난 후 값을 지불하려고 한다. 현금 결제는 2만 9천 원이고 카드 결제는 3만 원이다. 이 금액의 차이는 현금 할인일까, 카드 수수료일까?

- 여러분은 백화점에 방문했다. 2만 원에 판매되던 상품이 2만 2천 원으로 올랐다. 그리고 20만 원에 판매되던 상품은 22만 원으로 올랐다. 어느 쪽이 더 인상된 걸까?

- 정가는 10만 원, 판매가는 9만 원인 상품이 있다. 이때 9만 원을 주고 상품을 샀다면 9만 원짜리 상품을 산 것일까, 10만 원짜리 상품을 산 것일까?

- 큰 수술을 앞두고 있다. 의사가 "생존확률은 10%입니다."라고 말하는 것과 "사망확률은 90%입니다."라고 말하는 것에는 어떠한 차이가 있는가?

읽어보면서 나름의 답을 내렸겠지만 뭔가 미심쩍으면서도 찜 찜한 느낌이 들 것이다. 스스로를 경제적인 인간으로 생각하며 사례를 접할 때와 일상에서 실제로 접할 때 보이는 행동에는 차이가 있다. 행동경제학은 우리 경제활동을 더욱 더 현실적으로 설명해줄 수 있다는 측면에서 기존 경제의 한계를 뛰어넘었다는 평가를 받고 있다.

행동경제학은 바람직한 답을 줄 수 있을까?

행동경제학을 공부하다 보면 경제활동을 현실적으로 나타낼 수 있겠다는 생각에 작은 기대감마저 갖게 되지만, 꼭 그런 것만은 아니다. 상품 판매나 기업 마케팅에 있어 행동경제학의 원리가 과하게 적용될 경우에는 오히려 소비자가 피해를 볼 수 있다.

선택과 결정의 함정

2016.09.06. 경인일보

역사문화적으로 동질성을 가지고 있는 유럽의 여러 나라 통계 중에서 장기기증에 동의한 운전면허 소지자의 비율을 보면 크게 두 그룹으로 나뉘는데 덴마크, 네덜란드, 영국, 독일 등은 4~28%로 낮고 오스트리아, 벨기에, 프랑스, 헝가리, 폴란드, 포르투갈, 스웨덴 등은 86~100%로 높다.

네덜란드의 경우는 가정마다 장기기증을 호소하는 편지를 보낸 후에 조사했음에도 불구하고 28%에 머물렀으나 바로 인접한 벨기에에서는 100%를 보였으며 덴마크는 낮은데 스웨덴은 높고, 영국은 낮은데 프랑스는 높은 등 잘 이해되지 않는 통계치이다.

이 같은 결과는 오로지 '양식의 차이'라는 것이 연구 결과로 밝혀졌다. 즉 운전면허를 발급받을 때 양식에 체크하도록 되어있는데 전자의 국가들과 후자의 국가들 양식이 '장기기증에 참여하려면 체크박스에 표시해 주십시오'와 '장기기증에 참여하지 않으시려면 체크박스에 표시해 주십시오'로 다르기 때문이라는 것이다. 대부분의 사람이 체크를 하지 않았으나 통계의 결과는 완전히 다르게 나타났다.

여기서는 장기기증을 예로 들었지만, 만약 상품계약이었다면 어땠을까? 실제 우리는 통신사 가입 약관이라든가 회원 가입에 필요한 관련 내용을 꼼꼼히 읽어보지 않는다. 그에 따른 피해도 종종 언론에 보도된다. 이처럼 행동경제학의 원리가 잘못 적용될 경우에는 누군가의 이익을 위한 수단으로 사용될 위험이 있다.

행동경제학을 연구한 공로로 노벨경제학상을 받은 탈러 교수는 '넛지Nudge'라는 개념으로 행동경제학을 설명했다. 넛지란 팔꿈치로 쿡쿡 찌르는 것을 말하는데, 이를 통해 선택의 변화를 유도한다는 이유에서다.

- 모든 넛지는 투명해야 하고, 절대로 상대방을 오도해서는 안 된다.
- 넛지에 참여하고 싶지 않다면 쉽게 빠져나올 수 있어야 한다. 마우스 클릭 한 번만으로 그렇게 할 수 있다면 가장 좋다.
- 넛지를 통해 유도된 행동이 그 영향을 받은 사람들의 삶을 더 낫게 만든다고 믿을 만한 충분한 근거가 있어야 한다.

탈러가 강조한 넛지의 모습이다. 넛지는 동명의 책으로도 출간되어 큰 호평을 받았는데, 책에서는 넛지를 가리켜 각각 '좋은 넛지', 그리고 '나쁜 넛지'로 구분했다. 위에 소개된 장기기증 사례는 좋은 넛지라고 볼 수 있다.

탈러는 한 인터뷰에서 "40년 전 연구를 시작할 때 황무지 같았던 행동경제학 분야가 인정받았다는 점이 가장 기쁘다."고 했다. 지금도 많은 관심을 받고 있지만 앞으로의 행동경제학이 가져올 변화는 무궁무진하다. 겉으로 봤을 때 매력적인 경제이론보다 조금 부족하지만 우리의 실제 모습을 분명히 드러내는 넛지의 매력이 앞으로 더해질 것으로 보인다.

현금 없는 사회
핀테크와 가상화폐

현금 없는 사회

만드는 데 드는 비용이 판매 가격보다 높은 상품이 있다면 어떨까? 제작 보류를 심각히 고민해야 할 것이다. 대표적인 것이 10원 동전이다. 10원 하나를 만드는 데에는 구리, 니켈 등의 원재료가 필요하다. 실제 예전의 10원 동전은 표면 가치보다 제작비가 더 비싸 지금과 같은 모양으로 바뀌었다.

　10원뿐 아니라 전반적인 동전 사용량이 줄어들면서 한국은행에서는 '동전 없는 사회 운동'을 벌이고 있다. 간단히 말하면 잔금을 교통카드에 적립하거나 마일리지, 포인트 등으로 넣어주면서 동전 유통을 줄이는 것이다. 이를 통해 잔금을 휴대하는 불편함을 감소시키고 동전 제조 및 유통 관리에 필요한 비용도 낮출 수 있다.

최근에는 동전 없는 사회를 떠나 현금 없는 사회에 대한 논의도 이어지고 있다. 신용카드나 모바일 결제서비스 등 결제 방식이 다양해져 현금의 사용도가 낮아졌기 때문이다. 스웨덴의 경우 2030년까지 현금 없는 사회를 추구할 계획에 있다. 실물화폐의 종말이 올 것인지, 관심 있게 볼 대목이다.

가상화폐

'가상화폐'는 보이지도 않고 만질 수도 없지만 결제를 대체할 수 있는 수단으로 떠오르면서 각광받고 있다. 가상화폐를 어떻게 보느냐에 따라 암호화폐라고도 하는데, 정부나 중앙은행이 발행한 일반 화폐와는 달리 일정한 규칙 속에서 거래가 이뤄진다. '비트코인'이 대표적이다.

비트코인의 가장 큰 특징은 블록체인 기술에 있다. 기존의 은행이 모든 거래를 관리하던 방식과 달리 사용자 간 분산화 된 거래내역을 공유하는 방식이다. 블록에는 지금까지의 거래 내용이 기록되어 있으며, 거래내역은 임의로 조작하거나 수정할 수 없다.

최근에는 비트코인을 비롯한 가상화폐 전반에 투기성 조짐이

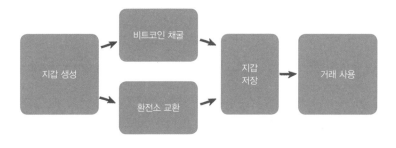

비트코인 원리

나타나면서 "가상화폐가 화폐를 대신할 수 있는가?"에 대해 부정적인 의견이 높아지고 있다. 버블로 끝날 것이라는 관측에서다. 미래를 예측하긴 어렵지만 적어도 블록체인 기술만큼은 꾸준히 연구될 것으로 보인다.

안녕, 핀테크!

스마트폰 사용이 점차 확대되면서 이제는 은행에 가지 않고도 계좌를 개설하고 이체까지 할 수 있다. 포털 사이트에서 검색한 상품은 별도의 회원가입 없이 포털 자체에서 구매할 수 있으며, 사업 자금이 필요하면 크라우드펀딩Crowdfunding을 통해 자금을 마련할 수 있다. 모두 '핀테크'의 대표 사례다.

핀테크는 금융Financial과 기술Technology을 합쳐 부르는 말로 기술 기반의 금융서비스다. 비슷한 말로 재테크가 있는데, 재테크가 금융을 통한 부 증가에 목적이 있다면 핀테크는 기술을 통해 금융의 영역을 넓히는 데 목적이 있다.

'케이뱅크', '카카오뱅크'가 연이어 출범하면서 이제는 인터넷은행이 낯설지 않을 것이다. 유명 배우가 출연하여 24시간 이용 가능하다는 점을 광고할 정도로 인터넷은행은 언제 어디서나 이용할 수 있다는 점, 그리고 낮은 금융 수수료 혜택을 강점으로 내세우고 있다. 이제는 시중 은행들을 상대로 '메기 효과(막강한 경쟁자가 나타남에 따라 산업 전반의 경쟁을 촉진하는 효과)'까지 가져오고 있다는 평을 받는다.

바쁜 직장인들의 경우 시중은행보다 인터넷은행이 좀 더 가깝다고 느낄 수 있다. 시중은행은 오후 4시면 영업이 끝나다 보니 점심시간을 쪼개서 은행에 방문해야만 했다. 그런 측면에서 인터넷은행은 소비자의 편의성을 높였다.

'간편 결제'란 은행 계좌나 신용카드를 별도 계정에 연계시킨 서비스를 말한다. 기존에는 공인인증서를 사용하거나 보안 프로그램을 설치해야 하는 등 결제 절차가 번거로웠다. 하지만 간편 결제는 네 자리 형태의 비밀번호에서부터 지문에 이르기까지 간단한 방식으로 결제를 지원한다. 대표적 사례로는 '페이코', '삼성페이', '카카오페이', '네이버페이'를 들 수 있다.

간편 결제가 가능해진 가장 큰 이유는 스마트폰 쇼핑이 가능하면서부터다. 예전에는 온라인 쇼핑을 할 때 컴퓨터가 필수였지만, 이제는 스마트폰만 있으면 쇼핑과 결제를 할 수 있을 정도로 관련 기술이 발전했다. 앞으로의 간편 결제 비율은 더욱 높아질 것으로 보인다.

이외에도 핀테크 중 하나로 크라우드펀딩을 들 수 있다. 크라우드펀딩은 인터넷을 통해 다수로부터 후원을 받거나 자금을 모으는 것을 말한다. 영화나 출판, 상품제작과 같은 활동에서부터 캠페인 모금, 단체 후원 등 다양한 형태로 이뤄진다.

핀테크의 발전 가능성은 무궁무진하다. 분명한 것은 핀테크를 통해 우리 일상은 더욱 편리해졌다는 점이다. 핀테크를 몰라도 쉽고 빠르게 금융서비스를 쓸 수 있는 시대가 우리 눈앞에 와있다.

일상의 경제학

3장에서는 일상 속 경제라는 주제로 여러 내용을 알아보았다. 1, 2장에서 다뤘던 내용과는 달리 흥미롭게 읽혔으리라 생각된다.

경제에서는 개인을 합리적인 선택을 내릴 수 있는 존재라고 가정한다. 하지만 사치적인 수요를 가져오는 베블런 효과, 제한된 정보로 원하지 않는 선택을 내릴 수 있다는 정보비대칭과 역선택, 불확실성과 위험에 따라 달라지는 기대효용, 보상과 규제라는 방식으로 우리 선택을 이끄는 인센티브를 알아보면서 꼭 그렇지만은 않다는 걸 알 수 있다.

여러 기업 활동을 살펴보며 상품의 가격이 달라질 수 있다는 가격차별, 그리고 기업 간 전략적인 선택을 나타내는 게임 이론을 알아보았다. 이제는 생산과정뿐만 아니라 판매나 계획 단계에서도 다양한 선택이 나타남을 알 수 있을 것이다.

정부의 활동이 가져오는 결과에 대해서도 생각해볼 수 있었다. 상품의 탄력성을 고려하지 않고 가격을 올렸던 담배의 사례라든지 최근 급격히 인상된 최저임금제가 그것이다.

마지막으로는 최근 화제인 행동경제학, 그리고 앞으로의 변

화인 가상화폐, 핀테크에 대해서도 알아보았다. 앞으로의 경제
는 계속 변화해나갈 것이다. 3장의 내용을 바탕으로 실제 경제
기사를 읽는 훈련이 되길 바란다.

4장

흐름으로 읽는
경제학

시장경제의 위기
대공황

대공황 당시 무료 급식소에 줄지어 서 있는
실업자들의 모습

대공황Great Depression
1929년 10월 24일 뉴욕증권거래소의 주가 대폭락을 발단으로 기업과 은행이
무너지고, 연이어 전 세계로 경제위기가 확대된 사건이다. 금융계에서는 이날을
가리켜 '검은 목요일'이라고도 한다.

경제는 왜 무너지는가?

"경기가 좋아졌다." 또는 "체감경기가 점차 나빠지고 있다."라는 말을 들어본 적 있을 것이다. 경기란 경제의 활동 상태를 말한다.

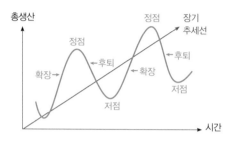

경제는 확장과 후퇴를 반복하며 성장해간다

경기는 좋아지기도 했다가 나빠지기도 하는데 이처럼 경제의 활동 상태가 변하는 것을 경기변동이라고 한다. 경제가 변한다는 표현이 자칫 불안정하다는 말로 느껴질 수 있는데, 경제주체인 인간을 생각해보자. 인간의 활동이 완벽한 건 아니다 보니 당연한 결과다.

경기변동은 불안정해 보이지만 자연스러운 현상이다.

이러한 경기변동을 겪다 보면 경제위기를 마주하기도 한다. 그런데 이번에 다룰 주제는 위기가 아니라 공황이다. 얼핏 보

면 위기와 공황은 비슷한 말로 들린다. 하지만 분명한 차이가
있다.

경제가 싫어하는 말, 공황

변동을 영어로 표현하면 Cycle이다. 호황과 불황을 반복하다
보니 하나의 순환으로 나타낸다는 의미다. 그리고 위기와 공
황은 각각 Crisis, Depression이다. 그럼 대공황은 어떨까. Big
Depression일까? 그렇지 않다. 여기서는 Great을 쓴다. 보통 우
리는 누군가를 칭찬할 때 Great!와 같이 뒤에 느낌표를 붙여 쓰
곤 하는데 여기서만큼은 정반대다. 그 정도로 거대한 규모의 공
황이 1930년대 미국에서 발생했다.

그럼 왜 위기라고 하지 않고 공황이라는 말을 썼을까? 경제
가 어려울 때 우리는 "경제가 위기에 빠졌다." 또는 "불황이 찾
아왔다."라고 말한다. 하지만 "공황이 발생했다."라는 말까지는
쓰지 않는다.

이는 경제의 역사를 살펴보면 더욱 분명하게 드러난다. 공황
이라는 말은 1930년 대공황을 제외하고는 찾아보기 어렵다. 심
지어 2008년 서브프라임 모기지 사태로 전 세계를 긴장하게 만
들었던 세계금융위기에서도 공황이 아닌 위기라고 말했다.

이뿐만 아니다. 1997년 말 대한민국 경제를 뒤흔들었던 사건

도 외환위기였다. 그만큼 공황이라는 말은 경제 전반의 위기를 넘어 붕괴를 가져오는 급박한 사태를 말한다. 만약 "우리 경제가 공황에 빠졌다."는 말이 보도되는 그 순간 경제의 혼란은 더욱 가중될지도 모른다. 경제의 금기어가 있다면 그중 하나는 분명 공황일 것이다.

경제가 불안정한 이유

애덤 스미스가 말했던 보이지 않는 손, 그리고 경제의 수요·공급 원리에 비춰보면 우리 경제는 안정적이어야 한다. 그런데 경기변동과 위기, 그리고 공황이 발생하는 이유는 어디에 있을까? 물론 인터넷을 검색하면 여러 설명이 나와 있긴 하다. 그렇지만 경제 지식이 없는 상태에서 이걸 읽고 이해한다는 건 상당히 어려운 일이다. 경기변동을 가져오는 경제의 기본 원리부터 알아야 한다.

첫 번째는 우리가 경제의 기초라고 말하는 수요·공급에 원인이 있다. 이 원리에 따르면 분명 경제는 균형에 도달한다. 틀림없는 사실이다. 하지만 문제는 여기에서의 균형이 즉각적으로 이뤄지지 않는다는 것에 있다.

만약 당신이 배추를 생산했다고 생각해보자. 배추를 팔아야 하지만 당장 팔린다는 보장은 없다. 상품 생산과 판매 사이에는 시간이 걸린다. 그렇다 보니 그 과정에서 생산량이나 가격 조정이 나타날 수 있는데 이는 경제 전체의 경기변동으로 이어지게 된다.

두 번째는 화폐 때문인데, 정확히 말하면 우리 경제가 물물경제가 아닌 화폐경제라는 데에 있다. 화폐는 그 자체로 가치를 저장하는 기능이 있다. 지금 당신이 시장에서 노트북을 판매한다면 노트북이 필요한 사람은 (화폐를 주고) 노트북을 살 것이다. 그런데 화폐를 가진 사람 입장에서 굳이 지금 당장 노트북을 살 필요가 없다면 어떨까. 노트북 가격이 내려가길 기다렸다가 사려 한다면 말이다.

판매자는 노트북을 팔아야만 돈을 받고 그 돈으로 직원들의 월급을 주고 새로운 상품 개발에도 나설 수 있다. 하지만 물건이 판매되지 않는다면 수익은 줄어들 것이고, 경우에 따라서는 자금난으로 직원을 감축해야 할지도 모른다. 이처럼 화폐가 갖는 가치의 저장 기능도 경기변동을 가져올 수 있다.

세 번째는 투기 현상이다. 흔히 말하는 버블이 여기에 해당한다. 신기술이 소개되면 많은 사람이 여기에 투자한다. 미리 투자하는 선점 효과를 통해 이익을 기대할 수 있기 때문이다. 그 결과 실제 가치보다 더 높은 가격에 거래되면서 시장이 과열되는 문제가 발생한다.

또한 시장이 커지다 보면 관련 종목도 우후죽순 생겨나기 마

련이다. 그때 경제는 과열을 넘어 위기 수준에 이른다. 가치판
단에 따른 투자가 아니라 수익성만을 바라보는 투기가 이뤄지
는 시기인 것이다. 경고음이 들려올 때다. 마침내 버블이 꺼지
는 순간 경제는 큰 혼란에 빠지게 된다.

그럼 대공황 때는 어땠을까? 따져보면 대공황도 경기변동이
극단적으로 나타난 사건이라고 볼 수 있다. 다만, 당시에는 이
러한 변동이 단기적 현상에 그칠 거라고 예상했다. 시장의 힘을
믿었기 때문이다. 하지만 공황은 장기화로 이어졌다. 거리는 실
업자로 넘쳐났고 기업 창고에는 재고가 늘어만 갔다.

대공황이 갖는 의미

"대공황이 왜 발생하였는가?"에 대한 의견은 아직까지 분분하
다. 민간지출의 불안정과 유효수요 부족을 꼽는 이들이 있는 반
면 통화정책의 실패를 그 원인으로 보는 이들도 있다. 이외에도
거대 금융자본의 음모론이라는 설도 있다. 핵심은 대공황의 원
인이 무엇인지 아는 것보다, 경기변동의 근본적인 원인을 알아
야 한다는 것이다.

대공황을 가리켜 '1930년대에 발발한 큰 경제사건' 정도로 기
억해도 충분하다. 대공황을 모른다고 해서 당신의 삶이 크게 나
빠지는 것도 아니고, 그 반대도 마찬가지다. 중요한 건 앞으로

발생할 경기변동을 어떻게 예방할 수 있는가이다.

누구나 경제가 성장할 것이라 기대하며 물건을 생산하지, 경제가 어려워질 것을 생각하며 물건을 생산하지는 않는다. 소비자도 마찬가지다. 조금의 불황이라도 나타나면 소비를 줄이게 된다. 이렇듯 개인 입장에서 내린 판단과 선택들이 모이다 보면 경제 전체의 방향이 되는데, 꼭 좋은 방향으로 흘러가지는 않는다.

현실 경제는 이론에 따라 움직이지 않는다.

무엇보다 경제주체인 인간의 자유로운 경제활동을 보장해주는 지금의 체제에 비춰볼 때 일정 수준의 경기변동이 나타나는 건 자연스러운 현상이다. 다만 급격한 변동이 큰 문제를 가져오게 되는데, 그 대표적인 사건이 대공황인 것이다.

마지막으로 지금의 경제는 혼합경제이다. 시장에 모든 걸 믿고 맡기지 않는다. 경제가 침체할 거라 예상하면 재정정책을 펼쳐 인위적으로라도 경제를 부양시키고, 반대로 과열 양상이라면 금리 조정 등의 정책을 펼쳐 경제를 진정시킨다.

일정 수준의 경기변동은 감수하겠지만 그 이상으로의 확대는 막겠다는 강력한 의지다. 경험은 교훈을 남긴다. 지금의 혼합경제는 대공황이 시장경제에 주는 크나큰 교훈이다.

경제정책의 전환
뉴딜

공공산업진흥국WPA 건설 근로자들의 모습

뉴딜New Deal
대공황 당시 어려웠던 미국 경제를 부흥시키고자 추진한 일련의 정책이다. 경제 뿐 아니라 사회 여러 분야에 걸쳐 진행됐으며 지금까지도 큰 영향을 미친 정책으로 평가받고 있다.

뉴딜이 등장하기까지

1929년 3월, 공화당 출신의 허버트 후버Herbert Hoover가 미국 대통령으로 취임했다. 제1차 세계대전 당시 연합국의 구호 활동까지 담당했던 그는 뛰어난 행정 능력을 인정받으며 압도적인 표 차로 당선됐다. 무엇보다 그의 슬로건은 격동의 시기를 보내야 했던 미국인들의 마음을 사로잡을만했다.

A chicken in every pot, a car in every garage!
모든 냄비에 닭고기를, 모든 차고에 자동차를!

그는 미국인들에게 끝없는 희망과 번영을 약속했다. 단순한 경제성장을 넘어 새로운 미국을 만들겠노라 선언했고 국민들은 열렬한 지지로 화답했다. 마침내 후버의 새로운 시대가 열리는 듯 보였다.

하지만 취임 1년도 채 지나지 않아 후버는 큰 곤경에 처하게 됐다. 대공황이라는 경제위기가 발생한 것이었다. 그는 국가의 최고지도자로서 국민들에게 빠른 회복을 약속해야만 했다. 하지만 경제는 쉽사리 나아질 기미를 보이지 않았다. 실업자는 점차 늘어났으며 은행과 기업은 파산하기 시작했다.

1932년, 대공황의 여파가 아직 가시지 않은 상황 속에서 제32대 미국 대통령 선거가 치러졌다. 후버는 재선에 도전했지만,

대공황의 타격은 너무나도 컸다. 국민들의 반응은 싸늘했다. 물질적 번영을 약속하던 그의 슬로건은 부메랑이 되어 돌아왔다.

후버를 꺾은 이는 민주당 출신의 한 정치인이었다. 소아마비를 겪은 불편한 몸을 이끌고 대통령 선거에 출마한 그는, 당시 대공황으로 고통받던 미국인들에게 새로운 정책New Deal을 제안했다. 기존의 경제 논리인 시장 중심의 경제정책과는 달리 정부가 적극적으로 개입해 쓰러져가는 미국을 되살리겠다고 국민 앞에 천명했다. 그가 바로 대공황을 극복해낸 영웅이자 동시에 제2차 세계대전을 연합국의 승리로 이끈 정치인, 그리고 뉴딜의 주인공이기도 한 민주당의 프랭클린 루즈벨트Franklin Delano Roosevelt다.

프랭클린 루즈벨트 Franklin Delano Roosevelt
미국의 제32대 대통령으로 미국 헌정 사상 유일한 4선 대통령이기도 하다. 재임 기간 중 대공황과 제2차 세계대전이라는 큰 위기를 성공적으로 극복해내면서 20세기를 장식한 인물 중 한 명으로 평가받고 있다.

뉴딜의 주요 내용

취임 초 루즈벨트는 전격적인 개혁을 실시했다. 먼저 '긴급은행법'을 제정해 부실은행을 정리했다. 경제의 혈액이라고도 할 수 있는 금융기관의 신뢰를 세우는 게 무엇보다 중요하다고 보았기 때문이다. 그리고 금융 규제를 위한 '글래스-스티걸 법'을 제정했다. '1933년 은행법'이라고도 알려진 이 법은 상업은행과 투자은행을 분리한다는 내용을 담고 있다. 이외에도 예금 보호 확대, 주식시장 규제 강화 등의 정책을 펼치며 금융 부문을 대대적으로 개혁했다.

또한 산업별로 허용되는 범위 내에서는 협정을 인정함으로써 상품 가격의 급락을 방지했다. 지금으로 보면 마치 독과점을 인정하는 것처럼 보이지만 당시에는 대공황의 원인 중 하나가 지나친 경쟁에 따른 과잉생산에 있다고 보았기에 내린 판단이었다.

그리고 노동의 권리를 크게 강화했다. 노동자에게는 단결권과 단체교섭권을 보장해주었으며, 기업에는 근로시간이나 최저임금 등 노동자의 권리를 지켜줄 것을 강제했다.

그뿐만이 아니었다. 복지에서도 뉴딜이 이뤄졌다. 미국은 대공황 당시만 하더라도 사회보장이라는 개념이 널리 받아들여지지 않던 나라였다. 부와 가난은 어디까지나 개인의 문제라는 관점이 지배적이었다. 하지만 뉴딜을 기점으로 국가의 복지에 대한 인식이 새롭게 논의됐다.

실업자 구제정책으로는 공공일자리기구를 설치하여 일자리

를 마련함과 동시에 빈곤에 허덕이는 가계에는 보조금을 지원했다.

뉴딜의 의의

뉴딜은 경제뿐 아니라 사회 전반에 영향을 주었다. 하지만 뉴딜만으로 미국 경제가 회복됐다고 보긴 어렵다. 오히려 제2차 세계대전 발발로 호황을 누렸다는 의견도 적지 않다.

　그럼에도 뉴딜은 전통적인 시장 중심 경제에서 위기 발생 시 국가의 역할을 보여준 점, 사회적 약자와 노동자의 권리를 개선했다는 점, 마지막으로 복지에 대한 국가의 책임을 강조한 점에서 높은 평가를 받고 있다.

　국가가 위기에 빠져있을 때 지도자가 주는 메시지란 때로는 어느 정책보다 강력한 힘이 된다. 대공황 당시 절망과 좌절감에 빠져있던 미국인들에게 루즈벨트는 이러한 말을 남겼다.

우리가 두려워해야 할 것은 두려움 그 자체다.

　대공황이라는 초유의 사태를 겪어내야 하는 미국인들에게 이 말은 큰 용기를 주었으며, 위기를 극복하고 다시 일어설 수 있다는 희망의 메시지이기도 했다. 대공황 이후 수십 년이 지난

오늘에도 루즈벨트는 미국인들이 존경하는 대통령 중 한 명으로 기억되고 있다.

글로벌 공급충격
석유파동

석유파동 당시의 모습

석유파동 Oil Shock

1970년대 원유 가격 급등으로 세계 경제가 침체에 빠진 사건이다. 경제에서는 스태그플레이션 현상을 설명할 때 함께 소개된다.

석유파동이 일어나기까지

석유파동을 이해하려면 먼저 당시의 국제 정세를 살펴봐야 한다. 1948년 이스라엘이 건국을 선언하고 여기에 아랍 국가들이 반발하며 전쟁이 시작된다. 바로 '중동전쟁(아랍·이스라엘 분쟁)'인데, 이 전쟁은 무려 4차에 걸쳐 치러진다.

특히 1973년의 4차 중동전쟁에서는 이전과 달리 이집트와 시리아가 이스라엘에 선제공격을 가하면서 보다 유리한 고지에 놓일 것처럼 보였다. 하지만 때마침 미국이 이스라엘을 지원함에 따라 전세는 역전되기 시작한다. 미국의 개입에 격분한 중동 국가들은 초강수를 둔다. 석유의 무기화 조치였다.

중동전쟁 다음 해인 1974년 1월, 석유 가격은 경악스러울 정도였다. 1배럴당 2.9달러에 거래되던 석유가 11달러로 치솟은 것이다. 급격한 인상에 전 세계 경제는 요동치기 시작한다. 이 사건을 가리켜 1차 석유파동이라고 한다.

2차 석유파동은 1차의 여파가 채 가시기도 전인 1978년에 발생했다. 당시 세계 2위의 석유 수출국이었던 이란에서 정치적 혼란이 발생하면서 석유생산량이 급격히 감소하게 된다. 안 그래도 높았던 석유 가격은 또다시 급등하며 1980년에는 배럴당 30달러를 넘어선다.

석유파동과 스태그플레이션

석유 없는 경제활동은 생각해볼 수 없을 정도로 경제에서 석유가 갖는 의미는 대단하다. 그렇다 보니 석유파동이 경제에 미친 충격도 대단히 컸는데, 무엇보다 공급 감소라는 측면에서 '스태그플레이션Stagflation'의 대표적인 사례로 소개되고 있다.

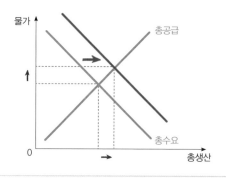

수요견인 인플레이션 (인플레이션)

위 그래프와 같이 경제가 성장하면 상품에 대한 수요가 커지고 그에 따라 물가도 상승하게 된다. 수요 측면에 따른 인플레이션이라는 뜻으로 '수요견인 인플레이션'이라고 한다. 인플레이션의 가장 일반적인 형태라고 볼 수 있다.

반대로 수요가 부족한 경우를 생각해보자. 위 총수요곡선은 우측으로 이동하지 않고 좌측으로 이동할 것이다. 그러면 국내

총생산이 감소하며 경기 후퇴가 나타난다. 주의 깊게 볼 것은 물가다. 수요 감소에 따라 물가도 그만큼 하락하는데 대공황 당시 모습이 여기에 해당한다.

그런데 석유파동이 터졌을 당시에는 물가가 상승하면서 경기가 후퇴했다. 수요 측면만 가지고는 석유파동을 제대로 설명할 수 없다. 남은 것은 공급이다.

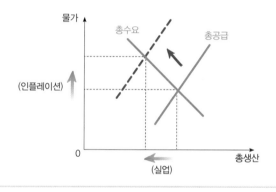

비용견인 인플레이션 (스태그플레이션)

이제 총공급이 감소하는 경우를 살펴보자. 물가가 상승하고 경기는 후퇴함을 알 수 있다. 이처럼 공급이 감소하면서 나타나는 인플레이션을 '비용견인 인플레이션'이라고 한다. 석유파동, 스태그플레이션이 여기에 해당한다.

우리나라에 미친 영향

1차 석유파동이 발생했던 73~74년 당시 우리나라에도 충격이 있긴 했지만 그리 큰 편은 아니었다. 하지만 2차 석유파동의 여파는 매우 컸다. 당시 중화학공업 확대정책을 펼치고 있던 우리나라는 석유 가격 폭등의 직격탄을 맞았다. 특히 1979년에는 10.26 사건, 12.12 군사반란 등으로 정치적 혼란이 가중되던 시기였다.

수입물가지수와 경제성장률

우리나라가 경제개발을 본격화한 1970년대 이후 경제성장률이 마이너스를 기록한 때는 두 번밖에 없다. 1980년, 그리고 다른 한 번은 1997년 외환위기 때다. 심지어 미국 금융위기 때에도 0에 가까운 성장률을 보였지만 마이너스는 아니었다. 그만큼 석유파동이 가져온 결과는 경제에 큰 충격을 주었다.

석유파동을 계기로 우리나라는 에너지관리의 중요성을 인식했다. 에너지효율 향상이나 대체에너지 개발로 이제는 제3의 석유파동이 와도 과거의 충격이 반복되지는 않을 것으로 보인다.

경제적 방임주의
신자유주의

마가렛 대처(왼쪽)와 로널드 레이건(오
른쪽)

신자유주의Neoliberalism

'철의 여인'이라 불리던 영국 총리 마가렛 대처, '레이거노믹스'와 더불어 강한 미
국을 표방했던 미국 대통령 로널드 레이건 시대인 1980년대, 경제적 방임주의
사상을 일컫는 말이다.

요람에서 무덤까지

제2차 세계대전이 한창이던 1942년, 당시 참전국이었던 영국에서는 '사회보험 및 관련 서비스'라는 이름의 보고서가 작성된다. 우리에게는 '베버리지 보고서'로 알려진 이 보고서는 전후 영국의 복지제도에 관한 내용을 담고 있었다.

전쟁 중 복지라니, 이상한 게 사실이다. 하지만 당시 영국 정부는 국민에게 전쟁 이후의 모습을 제시해야만 했다. 그래야 국민들이 국가를 위해 기꺼이 나설 수 있기 때문이다. 당시 총리였던 처칠은 수도인 런던까지 타격을 입을 정도로 큰 전쟁을 겪는 상황 속에서 사회보험제도에 대한 연구를 지시한다. 베버리지 보고서는 그 결과물이었다.

보고서에서는 사회 문제의 5대 악으로 결핍, 질병, 나태, 무지, 불결을 꼽았다. 국가는 사회보장에 드는 비용을 부담해야 할 책임이 있다고 보고 빈곤 퇴치를 강조했다. 보편적 복지, '요람에서 무덤까지'의 시작이었다.

전쟁이 끝나자 영국은 국민보험법, 국민건강서비스법, 국가지원법 등을 제도화시키면서 명실공히 복지국가의 모습을 갖추게 됐다. 무엇보다 케인즈라는 당대 최고의 경제학자가 영국 출신 아니던가. 이제 영국은 전쟁의 승리, 당대 최고의 경제학자, 여기에 복지까지 더해지면서 전 세계의 부러움을 받는 국가에 이르는 듯 보였다.

복지의 끝, 그리고 대처의 등장

문제는 아주 작은 곳부터 쌓이기 시작했다. 일자리를 잃은 젊은 이들은 구직활동에 적극적이지 않았다. 실업급여 때문이었다. 방만한 운영으로 도산한 기업에도 책임을 묻지 않았다. 국유화를 통해 국가가 기업의 손해를 부담했다. 경제 전반적으로 비용은 비싸졌고 효율은 낮아졌다. 과도한 복지가 가져온 결과였다.

급기야 1976년에는 영국 정부가 IMF 금융지원을 받기까지 한다. 견디다 못한 정부는 예산을 삭감하기에 이르는데, 이에 노조는 대파업으로 대응한다. 사회 전반에 혼란이 심해지자 국민들조차도 과도한 복지에 대한 변화가 필요함을 느낀다.

마침내 1979년, 보수당 출신의 한 여성이 총리에 오른다. 그녀가 바로 '철의 여인'이라 불린 마가렛 대처Margaret Thatcher다. 1979년부터 1990년까지 영국을 이끈 그녀는 자신의 별명답게 과감한 정책을 추진했다. 복지지출을 삭감하고 많은 국영기업을 민영화했다. 또한 기업의 자유로운 활동을 보장하였고 노조의 활동에는 제약을 두었다.

결과는 빠르게 나타났다. 마이너스 성장률에 허덕이던 영국 경제가 다시금 상승세로 돌아서기 시작했다. 기업의 생산성이 향상됐으며 그동안 국가의 복지 속에 가려졌던 개인의 역할도 중요시됐다. 오랜 경기침체와 '유럽의 환자'라는 조롱, 그리고 IMF 지원이라는 굴욕을 맛본 영국인들에게 대처의 정책이 갖는 의미는 분명했다.

신자유주의의 등장

변화는 영국에 그치지 않았다. 대서양 너머 미국에서도 새로운 정책이 나타났다. 그 주인공은 로널드 레이건Ronald Reagan이다. 영국의 대처가 과감한 정책을 취했듯 레이건도 1980년대 미국에 불어 닥친 경기침체를 극복하고자 새로운 경제정책을 제시했다.

1981년 미국 대통령으로 취임한 레이건은 '강한 미국'을 내걸었다. 국가에 대한 의존보다 국민들 스스로 활력을 갖출 것을 주문했고 소득 감소 정책과 정부 규제를 완화하며 기업과 개인의 자유로운 경제활동을 보장해주었다. 그는 재선에 성공하면서 1989년까지 미국을 이끌었다.

대처와 레이건의 정책을 보면 몇 가지 공통점이 있다. 자유로운 거래와 규제 완화를 중시하고 정부의 역할은 최소한에 그쳐야 한다는 주의다. 그리고 성장과 분배의 관점에서는 성장을, 효율과 형평의 관점에서는 효율을 강조했다. 이러한 사상을 가리켜 신자유주의라고 한다.

돌이켜보면 신자유주의는 새로운 게 아니다. 20세기 초반만 하더라도 경제 논리는 야경국가였다. 정부는 최소한의 국방과 치안에 그치고 시장에 개입해서는 안 된다는 게 당시 생각이었다. 하지만 대공황이라는 큰 사건이 터지면서 야경국가의 논리는 무기력함을 드러냈고 그 중심에는 케인즈라는 인물이 있었다. 케인즈는 1946년 눈을 감았지만 그의 이론은 1950~60년대 세계경제를 주도한다.

하지만 1970년대에 이르러 케인즈의 이론은 큰 위기를 맞게 되는데 바로 석유파동의 발생이었다. 정부가 개입해 재정 지출을 확대하더라도 경기는 나아질 기미가 보이지 않았고 물가는 높아져만 갔다. 이는 곧 노동자들의 임금 인상 요구로 이어졌으며 기업의 투자는 더욱 감소했다. 당시 케인즈의 이론으로는 이 문제를 해결할 수 없었다.

바로 이때 신자유주의가 등장했다. 그동안 케인즈의 이론에 가려졌지만 스태그플레이션이라는 위기 속에 다시금 부활하는 순간이었다. 이들은 인플레이션을 낮추고 투자를 증대시키기 위해서는 세금 부담을 낮추고 규제를 완화해야 한다고 보았다. 기존의 복지지출은 과감히 축소하여 정부의 재정적자를 막고 준칙에 입각한 통화정책을 펼쳐야 한다고 주장했다.

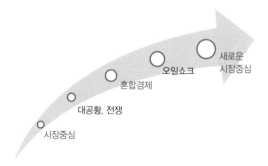

기존의 시장 중심 경제에서 대공황, 세계대전 등을 거치며 정부의 역할을 함께 강조하는 혼합경제가 유지된다. 하지만 석유파동(스태그플레이션) 위기에 제대로 대응하지 못함에 따라 시장 중심의 사조가 다시 등장하는데 이를 가리켜 신자유주의라고 한다

신자유주의의 대부, 하이에크

혼합경제에 케인즈라는 인물이 있었듯이, 신자유주의가 정책으로 적용되기까지는 여러 경제학자의 노력이 있었다. 그 대표적인 인물이 프리드리히 하이에크Friedrich August von Hayek다.

프리드리히 하이에크Friedrich August von Hayek

신자유주의의 사상적인 기초를 제공한 경제학자로, 비록 케인즈의 이론에 가려졌지만 레이건, 대처 시대에 새롭게 주목받는다. 세계대전에 참여하면서 전쟁의 참사를 생생히 목격했던 그는 계획경제에 반대하며 시장경제가 승리할 거라 예상했다. 1974년 75세의 나이에 노벨경제학상을 받았다.

하이에크는 케인즈와 라이벌 구도에 있었다고 볼 수 있는데, 정작 둘 간의 불꽃 튀기는 대립을 찾아보긴 어렵다. 당시에는 케인즈의 이론이 워낙 대세였고 시대가 바뀌며 신자유주의가 고개를 들 때쯤 케인즈는 이 세상 사람이 아니었다. 그제야 세상은 그동안 주목받지 못했던 노학자의 목소리에 귀를 기울였다.

신자유주의라고 해서 정부의 완전한 방임을 요구한 것은 아니다. 단지 공정하면서도 준칙에 입각한 정책 수행을 강조했다. 그러면 시장의 원리를 통해 자연스럽게 효율성을 추구하며 비능률을 해소할 수 있다고 봤다. 하이에크는 "시장의 자생적 질서가 계획경제보다 더 낫다."고 보았는데, 정부의 개입이 선한 의도라 하더라도 나쁜 결과를 가져올 수 있다는 이유에서였다.

변화의 과정
국제통화제도

1944년 브레튼우즈 회의에 참석한
케인즈(오른쪽)와 화이트(왼쪽)

금본위제도Gold Standard System
일정량의 금과 통화의 가치를 연결하는 제도다. 국제통화제도를 개편할 때마다
항상 논의되는 주제이며 현재에도 각국은 금을 보유하여 통화가치 변동에 대비
하고 있다.

전 세계의 기축통화, 달러의 위상

대부분의 나라는 고유 화폐를 사용하고 있다. 유럽의 유로(€), 중국의 위안(¥), 영국의 파운드(£), 일본의 엔(¥), 미국의 달러($) 등이 대표적이다. 참고로 이 다섯 화폐는 'SDRSpecial Drawing Rights', 우리말로는 '특별인출권'이라고 해서 회원국의 국제수지가 악화될 경우 필요한 만큼 외화를 찾아갈 수 있는 권리를 보장해주고 있다. 같은 화폐더라도 어느 나라 화폐인지에 따라 그 영향력이 다른 것이다.

그럼에도 국제통화라고 했을 때 우리가 떠올리는 화폐는 단연 미국의 달러이다. 달러는 대부분의 나라에서 가장 안전한 화폐로 인정받고 있으며 때로는 자국 화폐보다 더욱 선호하는 모습도 볼 수 있을 정도다.

달러를 가리켜 '기축통화Key Currency'라고 한다. 거래의 기준이 되는 화폐라는 뜻인데, 아무 화폐나 기축통화가 될 수 있는 건 아니다. 기축통화가 되려면 몇 가지 조건을 충족할 수 있어야 한다.

먼저 많은 국가로부터 그 가치를 인정받아 신뢰성을 갖춰야 한다. 그리고 각국 화폐와의 교환비율이 안정적이어야 한다. 반대로 보면 그만큼 변동성이 낮아야 한다는 뜻인데, 이를 위해서는 충분한 화폐 공급량이 보장되어야 한다. 그래야만 국제거래와 세계금융시장을 이끌 수 있는 기축통화라고 볼 수 있다.

부를 측정하는 기준, 금

'금본위제도Gold Standard System'라는 말에서 '본위'란 기준으로, 금
을 화폐의 기준으로 보는 제도다. 금은 매장량이나 가치, 보관
의 용이성 등에 있어 화폐를 대체할 가장 적합한 수단으로 평가
받는다. 과거에는 '금화'를 만들어 사용하기도 했다.

그런데 금을 통한 거래에는 두 가지 문제점이 있다.

같은 가치를 나타내는 동전임에도 정작 함유량은 다른 경우

여기 두 금화가 있다. 하나는 금 함유량 100%인 진짜 금화이
고, 다른 하나는 도금만 입힌 짝퉁 금화이다. 금 함유량만 놓고
보면 진짜 금화 가치가 짝퉁 금화보다 높은 게 사실이다. 그러
나 외관상 두 금화의 차이가 없다면 시장에서 같은 가치에 거래

되는 문제점이 나타날 수 있다.

다른 하나는 금의 양이다. 금 1kg이 1만 원의 가치를 갖는다고 생각해보자. 만약 우리나라가 보유한 전체 금의 양이 100kg이라면 경제 전체에 공급되는 화폐의 양도 100만 원이 되어야 한다.

그런데 경제성장으로 더 많은 돈이 필요하다고 생각해보자. 방법은 두 가지다. 하나는 교환비율을 조정하는 것이고, 다른 하나는 더 많은 금을 채굴하는 것이다. 하지만 양의 한계가 있다 보니 교환비율을 조정하는 방법밖에 없는데, 이는 화폐가치의 변동을 가져오는 문제가 있다.

이렇듯 금본위제도는 몇 가지 한계점이 있음에도 불구하고 오랜 기간 유지되어 오다가 20세기에 이르러 조금씩 흔들리기 시작한다. 전쟁이 발발하면서 각국은 경쟁적으로 금을 축적하고자 했으며 타국에 관세를 부과하거나 자국 이익을 위해 환율을 조정하는 일도 빈번하게 일어났다. 특히 제2차 세계대전이라는 거대한 사건을 겪고 난 후 전 세계는 국제통화제도의 필요성을 논의하기 시작한다.

고정환율제도, 브레튼우즈 체제(1944~1971)

제2차 세계대전이 끝나갈 무렵인 1944년, 연합국 대표들은 미국 브레튼우즈에 모인다. 종전 이후 새로운 국제통화 질서를 논의하기 위해서다. 그 주인공은 기존의 강국 영국과 떠오르는 신예 국가 미국이었다.

영국에서는 당대 최고의 경제학자로 평가받았던 케인즈가 대표로 나왔다. 반면 미국에서는 관료 출신의 화이트_{H.D.White}가 대표로 나왔다. 케인즈는 전후 세계 경제에 적용할 새로운 국제통화수단을 제안했고 화이트는 달러의 기축통화를 주장했다.

당시 세계 금의 절반 이상을 미국이 보유하고 있던 상황이라 회의 결과는 쉽게 나왔다. 이제 각국은 금 1온스당 미국 35달러로 교환할 수 있게 됐으며, 국제통화제도는 회의 장소의 이름을 따서 '브레튼우즈 체제'라 명명했다. 달러가 기축통화의 지위를 얻는 순간이었다.

브레튼우즈 체제의 핵심은 '금 1온스 = 35달러'의 교환이 유지되어야 한다는 점에 있다. 그러기 위해서는 각국의 환율 변동이 없거나 설령 있더라도 최소한으로 유지되어야 한다.

하지만 1960년대에 이르러 미국은 베트남, 소련과의 경쟁 등으로 지속적인 적자에 시달리게 된다. 반면 주변국들의 상황은 개선된다. 이제 미국은 35달러를 가져오더라도 금 1온스와의 교환을 장담하지 못하는 수준에 놓인다. 결국 1971년 닉슨 대

통령에 이르러서는 달러의 금태환(금과 화폐를 교환하는 것) 정지를
선언한다.

닉슨의 발표는 곧 세계금융시장의 혼란으로 이어졌다. 비록
금태환 선언이 있었지만, 여전히 세계 경제의 중심은 미국이었
기 때문이다.

국제통화제도에 대한 회의를 다시 열었다. 미국 스미소니언
박물관에 모였기에 '스미소니언 체제'라고 한다. 금 1온스당 35
달러로 교환하던 비율은 38달러로 평가절하시켰으며, 금으로
바꾼다는 보장도 없었다. 브레튼우즈 체제에 비교해보면 미국
이 한발 물러선 것처럼 보였지만, 이것도 어디까지나 일시적인
방편에 불과했다.

킹스턴 체제(1976~현재)

1976년 자메이카 킹스턴에서 국제통화제도에 대한 새로운 논
의가 시작된다. 여기서도 회의 장소의 이름을 따 '킹스턴 체제'
라고 부르는데, 현재까지 이어지고 있다. 킹스턴 체제의 핵심은
변동환율제를 인정한다는 데에 있다. 이제 각국은 외환시장에
서 결정된 환율로 자유롭게 거래할 수 있게 됐다.

금 본위제도   스미소니언 체제

브레튼우즈 체제   킹스턴 체제

국제통화제도의 변천 과정

　킹스턴 체제부터는 변동환율제를 적용한 만큼 각국의 '환율전쟁'도 치열하게 나타났다. 대표적으로 1985년의 '플라자합의'를 들 수 있다. 적자에 시달리던 미국이 대표적인 무역 흑자국인 독일과 일본에 화폐가치를 올릴 것을 주문한 사건이다. 이로 인해 일본 엔화 가치가 크게 오르는데, 일각에서는 이때의 영향이 일본의 '잃어버린 10년'에 영향을 주었다는 이야기도 있다.

　반대로 10년이 지난 1995년에는 이른바 '역플라자합의'라고 해서 엔화의 저평가를 유도한 합의도 있었다. 그만큼 환율은 각국의 경제에 있어 매우 중요한 정책 수단이 됐다.

지나친 상승
초인플레이션

1920년대 당시 독일의 모습이다. 사진 속 아이들이 쌓고 있는 건 벽돌이 아니라 돈뭉치다. 이 시기 독일의 물가 상승은 짐바브웨와 더불어 초인플레이션의 대표적인 사례로 소개되고 있다

초인플레이션 Hyper Inflation

물가가 지나치게 상승하는 현상을 말한다. 초인플레이션이 발생하면 화폐의 가치가 급락하고 경제는 통제 불능 상태에 빠진다. 각국에서는 통화정책을 통해 인플레이션을 관리하고 있다.

뭐든지 적당한 게 좋다

인플레이션을 좋아할 사람은 없을 것이다. 경제를 배운 나도, 이제 막 경제에 눈을 뜨는 당신도 마찬가지다. 가지고 있는 돈의 가치가 떨어지는 걸 환영할 사람은 없기 때문이다. 하지만 경제가 성장하면서 인플레이션이 발생하는 건 자연스러운 현상이다. 문제는 정도의 차이다.

경제에서는 급격한 물가 상승을 가리켜 '초인플레이션Hyper Inflation'이라고 한다. 기준은 한 달 사이에 물가가 두 배로 상승하거나, 1년에 100배 이상 상승하는 경우다. 만약 이번 달의 영화 관람료가 10,000원인데 다음 달에 20,000원이 된다면 초인플레이션에 해당한다고 볼 수 있다.

물가가 급격히 상승하면 경제에도 여러 문제가 생긴다. 역사 속 초인플레이션 사건을 살펴보면서 물가 관리의 중요성을 살펴보자.

독일의 인플레이션

가장 먼저 소개할 사례는 독일이다. 제1차 세계대전에서 패배한 독일은 큰 벽에 부딪힌다. 하나는 국가의 경제 복원, 나머지 하나는 승전국에 대한 배상금 지불 문제였다. 당시 독일은 전쟁의 책임으로 무려 1,320억 마르크에 해당하는 금액을 배상해야 했는데, 전후 재건에도 돈이 모자란 판국에 배상금까지 지불하는 건 사실상 불가능했다. 그렇다고 배상금을 갚지 않고 버틸 수도 없는 노릇이다 보니 독일 정부는 화폐 발행으로 이 문제를 해결하고자 했다.

선택의 대가는 너무나도 컸다. 1921~1924년 당시 자료를 살펴보면 독일의 물가는 무려 10억 배 가까이 상승했다. 특히 1923년 7월에서 11월 사이의 물가는 약 370만 배 급등하는데, 빵 하나의 가격이 억 단위에 이르는 건 예삿일이고 무려 1조 단위의 지폐가 발행되기도 했다. 우리나라의 한 해 예산이 약 400조 원인 걸 비교하면 1조라는 숫자가 어느 정도인지 가늠할 수 있을 것이다. 그야말로 돈이 휴짓조각으로 전락해버렸다.

당시에는 빵 하나를 사기 위해서도 수레에 돈을 담아야 할 정도였다

독일 정부도 이를 바라보고만 있었던 건 아니었다. 먼저 통화량을 축소했고 동시에 외교적인 협상으로 배상금을 경감시키는 조처를 했다. 해외자본을 유치하는 등 여러 노력을 기울인 결과 초인플레이션을 수습할 수 있었다.

이때의 뼈아픈 경험 때문인지 몰라도 지금의 독일은 어느 나라보다 물가가 안정적인 국가로 손꼽히고 있다. 또한 대부분 국가는 정부의 통화 발권력으로 발생하는 인플레이션이 얼마나 위험한지를 지켜봤기에 화폐발권력을 중앙은행이 갖게끔 함과 동시에 그 독립성을 보장하고 있다.

짐바브웨의 인플레이션

독일과 함께 인플레이션을 소개할 때 빠지지 않는 국가 중 한 곳이 바로 짐바브웨다. 독일의 인플레이션을 설명하면서 휴짓조각이라는 말을 썼는데, 여기서는 휴짓조각보다 못한 종이라고 표현할 정도다.

아프리카 남부에 위치한 짐바브웨는 1980년에 독립을 선언했는데, 훌륭한 자연환경과 풍부한 천연자원을 갖추고 있어 성장이 기대되는 신생국 중 하나였다. 독립 당시만 하더라도 생산하고 남은 잉여 농산물을 수출할 만큼 경제적 기초 체력은 다진 상태였다. 하지만 최악의 가뭄과 잇따른 정책의 실패로 끝내 짐바브웨 정부는 자국 화폐를 포기하기에 이른다. 과연 어떤 정책을 실패했을까?

첫 번째는 토지개혁의 실패다. 당시 짐바브웨는 백인들로부터 몰수한 땅을 자국민에게 돌려준다는 대규모 토지개혁을 추진 중이었다. 취지는 좋았지만 문제는 토지를 받은 이들 중 농장을 운영해 본 사람이 거의 없다는 점이었다. 아무런 준비 없이 진행된 토지개혁으로 농업 생산성은 크게 하락할 수밖에 없었다.

두 번째는 과도한 정부 지출이다. 짐바브웨 정부는 참전 군인들에게 보상금을 주는 정책을 펼쳤는데, 당시 짐바브웨 GDP의 3%에 해당하는 규모였다. 또한 콩고 내전에도 개입하면서 막대한 지출이 이뤄졌다.

결과는 믿기 힘들 정도였다. 하루에도 몇 번씩 상품 가격이 달라졌으며 인플레이션율을 수치로 표현하는 게 무의미한 수준이었다. 2008년 짐바브웨의 인플레이션율은 897해%까지 치닫았다. 이제는 짐바브웨 달러를 만드는 것보다 종이 그 자체를 쓰는 게 더 나을 수준에 이르렀다.

사태가 커지자 짐바브웨 정부는 화폐단위를 낮추는 '리디노미네이션Redenomination'을 단행하는데 그 비율은 무려 1조:1에 이른다. 하지만 이마저도 실패하자 결국 짐바브웨는 자국 통화를 포기하기에 이른다.

그 외의 인플레이션

초인플레이션의 사례로는 이외에도 여러 국가가 있다. 헝가리의 인플레이션도 그 수치만 놓고 보면 독일과 짐바브웨를 압도한다. 여기서는 화폐단위가 무려 '양'에 이른다. 참고로 조, 경, 해, 자, 그다음이 양(10^{28})이다. 헝가리 또한 전후 재건을 위해 단행한 통화팽창에 그 원인이 있다.

그리고 최근까지 초인플레이션을 겪고 있는 베네수엘라를 빼놓을 수 없다. 계속되는 경제난, 치솟는 물가, 그리고 서방의 금융규제까지 겹쳐지면서 베네수엘라는 극단의 해결책을 마련한다. 바로 가상화폐를 도입하기로 한 것이다.

베네수엘라는 자국에 매장된 원유를 담보로 가상화폐를 발행했는데 일각에서는 현재의 위기를 벗어나고자 하는 궁여지책으로 나온 만큼 실패를 전망하는 반면, 다른 쪽에서는 새로운 실험이라고 평가하고 있다. 무엇보다 최근 큰 화제가 된 가상화폐를 국가 주도로 도입했다는 데 관심이 집중된다.

이러한 초인플레이션을 살펴보면 몇 가지 공통점이 있다. 우선 전쟁이다. 전쟁이 발생하면 막대한 정부 지출이 이뤄지다 보니 인플레이션을 피할 수 없게 된다. 그리고 잘못된 정책이다. 경제 상황을 고려하지 않고 정치적인 판단만 우선할 경우 더 큰 파국으로 치달을 수 있다. 물가안정, 통화정책의 중요성을 되새겨볼 대목이다.

투명한 경제
금융실명제

당시 금융실명제 발표 기사

금융실명제

금융기관과 거래 시 실지명의 사용을 의무화하고 실명거래에 따른 금융거래 정보에 대해서는 비밀을 보장하는 제도다. '금융실명거래 및 비밀보장에 관한 긴급명령'이 발효된 93.8.12. 20시 이후에는 모든 금융기관과 거래를 할 때 반드시 실명을 사용하도록 의무화했다.

차명 거래, 대한민국을 뒤흔들다

1993년 8월 12일, 당시 대통령이었던 김영삼은 「금융실명거래 및 비밀보장에 관한 긴급명령」을 발동한다. 당일 오후 8시를 기해 "이 시간 이후 모든 금융거래는 실명으로만 이루어집니다."라는 담화문을 발표하는 순간이었다. 그때부터 가명, 무기명으로는 금융거래를 할 수 없게 됐다.

금융실명제 도입까지는 여러 우여곡절이 있었다. 첫 논의는 약 10년 전으로 거슬러 올라간다. 1982년 한국 경제를 뒤흔든 사건이 발생한다. 바로 '이철희·장영자 부부 어음사기사건'이다. 처음 이들의 혐의는 단순한 외국환관리법 위반이었지만 조사가 시작됨에 따라 막대한 차명 거래가 드러났다.

사채시장의 큰손으로 불리던 장영자는 자금 상황이 어려운 기업에 돈을 빌려준 후 몇 배에 달하는 어음을 받아 이를 할인하는 수법으로 막대한 이득을 챙겼다. 당시에는 어음 발행에 실명이 필요하지 않았다. 자금 출처를 파악하는 데에 한계가 있다는 점을 노린 전형적인 돌려막기 수법이었다.

사건이 미친 파장은 엄청났다. 발행된 어음 규모는 2조 원을 넘었으며 7,000억 원이 넘는 피해를 가져왔다. 당시 철강업계 2위였던 일신제강과 탄탄한 기업으로 알려진 공영토건마저 부도를 맞았다.

장영자의 남편인 이철희가 전두환 대통령의 친척임이 드러나면서 조사는 정치권으로 이어졌고, 해당 자금과 정치권의 연결고리가 드러나면서 많은 이들이 자리에서 물러나야만 했다. 민심은 동요했고, 정권에서도 이에 대한 대책을 마련해야 했다. 이때 언급된 게 금융실명제였다.

금융실명제의 도입

1982년 7월, 정부는 전격적으로 금융실명제 실시를 발표했다. 시장은 요동쳤다. 그동안 가명, 차명으로 거래하던 것을 실명으로 한다는 소식에 주식은 물론 부동산, 사채, 환율시장까지 큰 혼란이 나타났다. 장영자 사건으로 쉬쉬하던 정치권에서도 반대의 목소리가 높아졌다. 검은돈이 드러나는 걸 원치 않았기 때문이다. 결국 금융실명제의 첫 번째 도전은 실패에 그치게 된다.

1988년에 노태우 정권에 이르러 금융실명제는 다시 수면 위로 오른다. 이듬해에는 준비단을 설치하며 마치 도입이 눈앞에 있는 것처럼 보였지만 당시 경제 상황의 악화와 정치권의 유보적인 태도가 더해지면서 금융실명제는 무기한 연기에 이른다. 두 번째 도전마저 실패에 그쳤다.

그러던 것이 1993년 김영삼 정부에 이르러서야 도입된 것이다. 지금도 김영삼이 아니었다면 금융실명제는 도입되지 못했을 것이라는 의견이 높다. 그만큼 김영삼의 개혁 의지는 단호했다.

비실명거래의 문제점

지금은 은행에서 신분증을 확인하는 걸 당연한 일로 생각하지만 과거에는 그렇지 않았다. 당시에는 저축을 장려한다는 명목으로 가명이나 차명 금융거래를 허용하고 있었다. 개인의 재산을 누군가 들여다본다는 것에 대한 저항감도 있었지만, 당시 저축을 장려하는 문화 때문이었다. 경제개발을 추진하던 상황에서는 그만큼의 자본이 필요했기에 정부에서는 저축의 중요성을 강조했다. 실제로도 1990년대 전후 가계저축률은 20%를 웃돌고 있었다.

하지만 이와 반대로 가명이나 차명과 같은 비실명거래를 이용한 문제도 심각했다. 대표적인 것이 탈세와 편법행위였다. 재산이 얼마인지 알아야 세금을 부과할 수 있는데 금융자산이 가명으로 되어 있으면 정확한 산출이 어려웠다.

직장인들이 들으면 다소 화가 날법한 문제다. 근로소득의 경우, 소득이 높아짐에 따라 내야 할 세금도 높아진다. 이건 숨기거나 바꾸기가 어렵다. 하지만 부유층이나 기타 소득으로 돈을 버는 이들은 비실명을 이용해 세금을 조금만 낼 수 있었다.

이렇듯 여러 문제점이 있다 보니 실명제로 전환하긴 해야 하는데, 그마저도 쉽지 않은 일이었다. 우선 정치권에서 논의가 시작되면 제도가 시행되기도 전에 검은돈이 모두 빠져나가 버린다. 막대한 자금 이탈에 직면하게 되는 것이다. 또한, 실물투기라든지 해외로의 자금 이전 등 여러 부작용으로 이어질 수 있기에 당시 정부에서는 이러지도 저러지도 못하는 상황이었다. 이러한 상황을 잘 알고 있던 김영삼은 금융실명제 진행 사항을 극비리에 부치고 시작해나갔다.

금융실명제의 추진과 발표

지금도 회자되는 금융실명제 준비과정은 흡사 '007작전'을 방불케 했다. 무엇보다 철저한 보안유지가 생명이었다. 우선 해당 공무원들은 사표부터 내고 시작했다. 일이 드러날 경우 자리를 내놓는다는 각오로 임한 것이다.

이들은 몇 달간 사무실에 감금 아닌 감금 생활을 견디며 치밀한 작전을 준비했다. 어떤 이는 집에 해외 출장을 간다고 말해놓고는 여행 가방을 들고 공항에 갔다가 출국 직전 다시 사무실로 돌아와 일했다. 그리고는 집에 전화를 걸어 안부를 묻기도 했다고 한다. 이렇듯 철통 보안 속에 금융실명제의 초안이 잡혀가고 있었다.

마침내 무더운 8월 중순, 온 가족이 집에 모여 TV를 보던 그 시절. 김영삼은 금융실명제를 발표하기에 이른다. 당시 언론은 금융실명제로 인해 주가는 폭락할 것이고 중소기업은 자금난에 허덕이며 도산할 것이라고 했다. 예상은 보기 좋게 엇나갔다.

증시는 일주일 만에 정상을 되찾았다.

어렵게 시행된 금융실명제가 우리 경제에 기여한 바는 매우 크다. 지하경제 자금을 끌어냈으며, 탈세를 예방하고 부정부패 방지 효과를 가져왔다. 정말 '눈 뜨고 보니 세상이 달라졌다.'는 말을 실감할 만큼 화끈했던 개혁이 바로 금융실명제다.

당시 일본도 추진하지 못했던 금융실명제를 뚝심 있게 해낸 김영삼에 대한 인기가 올라 한때는 사회인 인기투표 1위에 등장하기도 했다. 조선총독부 철거, 하나회 척결 모두 김영삼 정부 때의 업적이다. 그럼에도 불구하고 이 모든 걸 퇴색시키는 사건이 발생하는데, 바로 1997년 외환위기다.

경제의 분기점
1997 외환위기

IMF 외환위기 당시 금 모으기 운동

1997 외환위기
1997년 우리나라가 국제통화기금(IMF)으로부터 자금을 지원받은 사건이다. '대한민국 경제는 IMF 이전과 이후로 나뉜다.'고 할 만큼 우리 경제에 미친 파장은 상당했다.

IMF 이전의 당시 상황

1995년 우리 경제의 이슈는 OECD 가입이었다. 이제는 우리나라도 선진국이 됐다는 생각에 모두 들떠있었다. 당시 경제지표는 문제 없어 보였고 낙관적인 전망이 지배적이었다. 하지만 기쁨의 순간은 길지 않았다. OECD 가입으로부터 약 1년이 지났을 뿐인데 여러 잡음이 들려오기 시작했다. 그중에서도 단연 이슈는 재계 서열 14위였던 한보그룹 부도에 관한 소식이었다.

이때만 하더라도 사람들은 특정 기업의 경영 실패라고 생각하고 우리 경제 전반은 탄탄하다고 믿었다. 하지만 조사 과정에서 드러난 정경유착, 방만한 경영과 금융기관의 부실한 관리 감독이 연이어 터져 나오면서 위기는 점차 고조되기 시작했다. 결국 한보그룹은 최종 부도처리 되는데, 우리 경제의 어두운 그림자를 알리는 서막이었다.

한보그룹을 시작으로 기업의 도산은 이어졌다. 3월에는 삼미그룹이 어음을 막지 못해 부도 처리됐다. 한때 프로야구단을 운영할 정도로 규모가 큰 회사였지만 한보 사태가 터지면서 조여 오는 자금줄의 압박을 피할 수 없었던 것이다. 이외에도 진로그룹, 기아그룹, 쌍방울그룹, 해태그룹 등 이름만 들어도 익히 아는 거대 기업들이 줄도산 했다. 결국 1997년 말에 이르러 정부는 사태의 심각성을 인지했다. 하지만 이미 외환보유는 바닥을 드러낸 상태였다.

IMF 구제금융 요청

청와대 본관 단상에 선 김영삼 대통령은 국민 앞에 고개를 숙였다. 그리고 정부가 빚을 갚지 못해 자금 지원을 결정했다고 공식 발표했다. 한강의 기적, 민주화운동, 그리고 올림픽까지 치러내면서 그야말로 탄탄대로를 걷던 우리 경제에 어두운 그늘이 드리워지는 순간이었다.

흔히 1997년 외환위기를 가리켜 '단군 이래 최대의 국난', '대한민국 경제의 분기점'이라는 말을 쓰는데 결코 과장된 말이 아니다. 그만큼 큰 충격을 가져온 사건이었다.

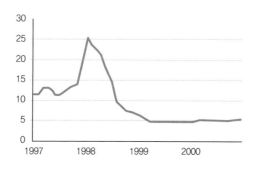

금리(콜금리) 추이 현황 (97.01~00.12)

금리 추이를 나타내고 있는 그래프를 보면 외환위기 당시의 금리가 매우 높다는 걸 알 수 있다. IMF는 자본유출을 막고자 고금리 정책을 주문했다. 시중 은행 금리는 점차 높아졌고 대출

원리금을 상환하지 못한 기업들은 줄도산하기 시작했다.

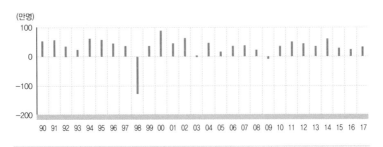

연도별 취업자 증감 추이

외환위기 당시에는 실업 문제도 심각했다. 연도별 취업자 증
감 추이를 살펴보면 1998년의 값이 크게 하락했음을 알 수 있
다. 무엇보다 이때의 실업 문제의 큰 이유는 해고로 인한 실업
이었다. 40~50대 사이에서는 '명퇴'라는 말이 나돌기 시작했다.

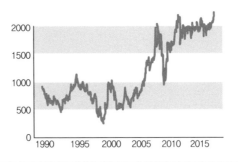

코스피 추이

주식시장은 끝도 없이 떨어졌다. 1996년 전만 하더라도 700~800선을 유지하며 한때 1,100 이상을 치고 오르던 코스피 지수는 1997년 1월 600선으로 하락하더니 같은 해 12월에는 370선까지 무너져버린다. 주식시장의 붕괴마저 우려되던 상황이었다.

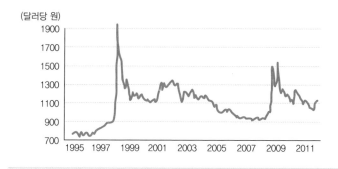

원·달러 환율 추이

화폐 가치는 지속적으로 떨어지고 원·달러 환율이 1,700원 가까이 치솟았다. 불과 1, 2년 전만 하더라도 800원 정도에 거래되던 1달러가 무려 2배 가까이 오르더니 12월에는 1,900원 선까지 상승했다. 환율 변동에 취약한 중소기업들은 직격탄을 맞게 됐다.

외환위기는 왜 발생했는가?

첫 번째는 당시의 낙관적인 경제 전망이다. 우리나라가 1인당 국민소득 1만 달러를 돌파한 게 1995년이다. 이 시기 우리나라는 세계무역기구 가입(1994년), OECD 가입(1996년) 등 여러 경제 호재가 이어지던 시기였다. 낙관적인 생각으로 자본시장을 섣불리 개방한 게 하나의 이유였다.

두 번째는 기업의 무분별한 차입경영, 그리고 금융권의 방만한 관리 감독이다. 기업들은 단기차입 비중을 높이면서 투자를 확대했고 금융기관도 비슷했다. 상환능력을 확인하기보다는 대출을 늘리는 데 주력했다. 외환위기가 터지자 줄줄이 도산으로 이어질 수밖에 없었다.

대외적인 요건으로 엔화 가치의 영향을 들기도 한다. 당시 엔화 가치가 하락하면서 상대적으로 우리나라의 수출경쟁력이 낮아졌다. 실제로 1994년 우리나라의 경상수지는 -40억 달러이던 것이 95년에는 -97억 달러, 그리고 96년에는 -237억 달러로 점차 확대됐다.

외환위기의 극복과 후유증

한국전쟁 이후 최대의 국난으로 여겨진 외환위기 속에서도 국민들의 극복은 남달랐다. 금을 모아 국난을 극복하자는 소식이

전해지자 많은 이들이 기꺼이 자신의 금붙이를 내놓았다. 결혼 반지와 돌 반지를 내놓은 이가 있는가 하면, 기념패를 내놓는 연예인들도 있었다. 운동선수들은 자신의 메달을 내놓았다. 전 국민 금 모으기 운동이었다. 외신은 나라의 안정을 위해 금을 내놓은 것에 대해 감탄했다.

2001년, 여러 우여곡절 끝에 마침내 우리나라는 구제금융 금액을 전액 상환했다. 하지만 외환위기가 휩쓸고 간 상처는 여전히 남아있다. '평생직장'의 개념이 사라졌으며, '비정규직'이라는 용어가 알려진 것도 바로 이 시기다. 기업들이 투자 중심보다 현금 보유 중심으로 경영전략을 바꾼 것도 이때의 위기 이후였다.

외환위기는 우리 일상의 모습도 크게 바꿔놓았다. 일자리를 잃은 가장이 가족에게 이 사실을 알리지 못한 채 집을 나서는 '등산 출근'이 언론에 보도되기도 했으며, 점차 맞벌이가 확산 되었다. 박사급으로 해외에서 공부를 마치고 돌아와 보니 국내에 일자리가 없어 다른 일을 하게 됐다는 이부터 유학을 가려 했는데 환율이 급등해 도저히 시도조차 못 했다는 이야기 등 IMF는 우리 경제에 지울 수 없는 흔적을 남겼다.

일시적 폭발
버블

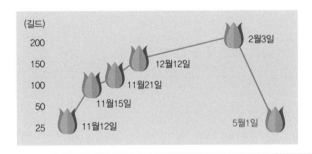

튤립 버블 당시 튤립의 가격변동 추이(1936~37년)

버블

해당 자산이 실제 가치보다 크게 평가되는 상황을 가리킨다. 주식과 같은 금융상
품에서 실물시장에 이르기까지 대상을 가리지 않고 나타난다.

버블에도 차이가 있다

거품은 얇은 막으로 이루어져 조금만 건드려도 터진다. 경제에도 이러한 거품이 있는데 바로 버블현상이다. 버블은 상품에서부터 시작해 부동산, 주식 등 다양한 분야에서 나타난다. 실제 거품과 경제 버블현상의 공통점은 아무리 큰 거품이라도 터지고 나면 마치 언제 그랬냐는 등 아무것도 남지 않는다는 데에 있다.

버블에 대해 우리가 갖는 생각 중 하나는 버블은 나쁘다는 해석이다. 버블은 경제에 혼란을 가져오며, 합리적인 투자를 방해한다고 본다. 또한 여기에 투자하는 사람들에 대해서는 돈에 눈이 멀었다는 비난도 서슴없이 한다.

버블이 바람직하지 않은 건 분명하다. 하지만 경제의 관점으로 볼 때 버블이라는 현상이 꼭 나쁜 의도로 발생하는 건 아니다. 버블이 산업 성장의 계기가 된 적도 있었다.

1990년대 말 급성장한 인터넷을 떠올려보자. 인터넷은 우리 삶을 바꿔놓을 만한 획기적인 변화였기에 인터넷 시장이 과열되는 건 자연스러운 현상이었다. 버블이긴 하나 그만큼의 기대와 수익을 전망하는 버블이었다.

이러한 버블에는 몇 가지 특징이 있다. 첫 번째는 불확실성이다. 지금 투자하는 자산의 가치가 오를지 떨어질지 아무도 예측할 수 없다. 투자자 입장에서는 리스크를 감수해야 한다.

두 번째는 어떤 버블이더라도 결국에는 꺼진다는 점이다. 문제는 버블이 꺼지는 시기를 아무도 예측하지 못한다는 데에 있다. 끝없이 오를수록 꺼졌을 때의 후폭풍도 커진다. 이 과정에서 큰 수익을 얻는 사람도 있겠지만, 손실을 보는 사람도 있다.

세 번째는 연착륙의 중요성이다. 연착륙은 비행기가 착륙할 때 안정감 있게 지면에 닿는 것을 가리키는 비행 용어다. 연착륙의 반대는 경착륙인데, 경제에서는 경착륙이 가져올 여러 부작용 때문에 정책 적용 시 수위 조절을 강조한다.

네덜란드 튤립 버블

17세기 네덜란드의 튤립 버블은 버블에서 항상 빠지지 않고 소개되는 사례다. 네덜란드 사람들에게 튤립은 아름다운 꽃으로 인식됐다. 희귀한 색의 튤립이 나오면 비싼 가격에 거래되기까지 했는데 당연했다. 희소성의 원리, 공급보다 수요가 많은 상황이었으니 말이다.

시간이 지나면서 사람들은 희귀한 색의 튤립을 거래하지 않고, 튤립 알뿌리를 사기 시작한다. 자신들이 산 튤립이 희귀한 색의 꽃을 피우면 큰돈이 될 것이라는 이유에서였다. 알뿌리의 가격은 높아져만 갔고 점차 과열 현상으로 치닫는다. 어느 순간

알뿌리의 가격이 집 한 채 가격에 맞먹었다.

튤립 버블이 확대된 문제 중 하나는 당시의 거래 방식에 있다. 정식 거래소가 없었으며, 술집에서 거래가 이뤄졌다. 그리고 누구나 적은 비용만 내면 튤립을 살 수 있었다. 돈이 없는 사람들도 거래에 참여하기 시작하면서 시장은 더욱 팽창했다.

급등하던 튤립 가격은 어느 날 폭락하기 시작한다. 불과 100일 만에 90% 가까이 하락했다. 이제 아무도 튤립을 사려고 하지 않았다. 채권자들은 돈을 갚으라며 소송을 진행했지만 빚을 진 사람들은 애초에 갚을 능력이 없었던 사람들이었다. 돈을 빌려 준 이들도 알면서 빌려준 결과였다. 결국 튤립 버블은 튤립만을 남긴 채 그렇게 끝이 났다.

남해회사 버블

또 다른 버블로는 '남해회사South Sea Company 버블'을 들 수 있다. 당시 남해회사는 영국과 남미의 무역을 목적으로 세워진 회사였다. 예상과 달리 무역에서 큰 성과를 얻지 못하자 회사는 다른 방법을 찾기 시작했는데, 이때 우연히 시도한 복권 사업에서 큰 이익을 얻게 된다.

무역을 담당해야 하는 회사임에도, 이들은 금융을 통해 이익을 얻을 수 있음을 깨닫고 업종을 변경하기로 한다. 이제 무역을 계획하기보다 무역을 통해 큰 수익을 낼 수 있다고 홍보하는 일에 치중하기 시작한 것이다. 당시 국제정세상 제대로 된 무역이 이뤄질 가능성은 희박했음에도 말이다.

이 세상 사람들이 모두 미쳤다면 우리도 어느 정도는 그들을 닮아야 한다.

시장의 광기 속에 투자가 어떻게 변질될 수 있는지를 암시하는 대목이다. 남해회사 주식 가격은 급등하기 시작했다. 주가는 1년 만에 9배에 가까이 올랐으며 사람들은 앞 다퉈 남해회사의 주식을 사기에 정신이 없었다. 이제 투자는 투기가 됐다. 물리학자 뉴턴도 큰돈을 벌 수 있다는 생각에 여기에 동참할 정도였다.

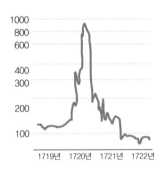

남해회사 주가 그래프

하지만 성장 가능성이 없는 곳에 투자했으니 버블이 꺼지는 건 당연한 수순이었다. 정부가 규제에 나서면서 시장이 진정되는 듯했지만 오히려 주가가 폭락하는 단초가 됐다. 주가 폭락도 상승처럼 불과 몇 개월 만에 이뤄졌다. 많은 사람이 파산했으며, 경제에 혼란을 가져왔다. 뉴턴은 당시 돈으로 2만 파운드에 달하는 큰 손실을 보았고, 이때의 충격 때문인지 사망할 때까지 남해회사 이야기를 꺼내지 않았다고 한다.

미시시피 버블

남해회사 버블이 터지던 그 시기, 비슷한 사건이 프랑스에도 있었다. 18세기 초 북미 루이지애나 지역을 지배하고 있던 프랑스는 이곳의 개발을 위한 회사를 설립한다. 이른바 '미시시피 회사'이다. 이때 한 사람이 미시시피 회사를 인수하는데, 존 로John Law라는 인물이었다.

주목할 점은 그가 회사의 주식을 발행할 때 프랑스 국채로 주식을 살 수 있게끔 했다는 데에 있다. 프랑스 정부 입장에서는 채무도 해결하고 식민지 개발도 가능해지는 결과로 이어지다 보니 존을 전폭적으로 지원하기 시작한다.

버블의 진행 과정은 남해회사와 크게 다르지 않았다. 그는 투자자들에게 장밋빛 미래를 약속했다. 사람들에게 광부 복장을 입히고는 파리 시내를 행진하게 하여 식민지 개발 붐이 현실화될 것이라는 믿음을 주기도 했다. 화려한 광고는 사람들로 하여금 기대감을 높이기 충분했다.

주가는 오르기 시작했지만 그는 여기에 그치지 않았다. 프랑스 정부의 지원을 토대로 주식 발행을 계속해나갔다. 심지어 자신이 설립한 은행에서 화폐를 충당하기도 했다. 미시시피 회사 시가총액은 프랑스 전체의 금과 은의 양을 넘어서기에 이르렀다.

어느 날 그의 금광산업에 의심의 목소리가 들리기 시작했다. 누군가는 주식을 팔았다는 소식도 들려왔다. 버블의 붕괴가 시작된 것이었다. 500리브로에서 1만 5천리브로 가까이 오르던 주식은 급격히 폭락했다. 사람들은 존을 사형시켜야 한다고 목소리를 높였다.

미시시피 버블이 가져온 파장은 너무나도 컸다. 프랑스 정부는 주식이라면 치를 떨 정도라서, 이후 150년간 주식회사 설립을 금지시켰고 중앙은행 이외에는 은행이라는 용어를 사용하지 못하게 했다. 그럼에도 여파는 쉽사리 가라앉지 않았다. 결국 미시시피 버블은 훗날 프랑스 대혁명으로 이어지는 단초가 됐다.

닷컴버블

닷컴버블은 1990년대 중반부터 2000년대 초반에 이르기까지 나타났던 IT, 인터넷 분야의 버블을 말한다. 우리나라는 당시 외환위기 극복과 함께 중소기업, 벤처기업 육성을 전면에 내걸었는데, 지나친 쏠림 현상이 나타나면서 버블로 이어졌다. 당시 버블이 어느 정도였냐면, 매출액이 100억 원대에 불과한 중소기업의 시가총액이 대기업을 넘어설 정도였다.

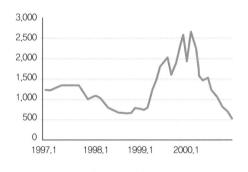

닷컴버블 시기의 코스닥지수

버블은 미국이라고 해서 크게 다르지 않았다. 이들에게도 인터넷은 미래의 신산업이었다. 매출이나 이익이 없더라도 인터넷이라는 산업모델만 있으면 투자를 받던 시대였다. 당시 급등하는 나스닥 지수를 보면 인터넷 초기 열풍이 얼마나 강했는지 알 수 있을 것이다.

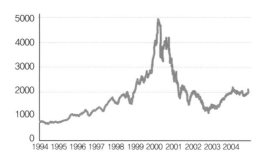

닷컴버블 시기의 나스닥지수

　닷컴버블은 기존의 버블과 달리 버블로 끝나지 않았다. 비록 버블이 붕괴한 후 많은 기업이 파산하고 투자자들은 손실을 보았으나, 그 속에서도 살아남은 기업들이 지금의 인터넷을 선도하고 있다. 미국의 아마존이라든지, 우리나라의 네이버, 다음 등이 대표적이다. 닷컴버블을 기존의 버블과 동일시해야 하는지에 대해서는 여전히 논란을 안고 있다.

일본의 거품경제

1980년대 일본의 위상은 가히 대단했다. "도쿄를 팔면 미국을 살 수 있다."는 말이 나올 정도였고 세계 50대 기업 중 절반은 일본 기업이었다. 일본 기업 하나를 팔면 우리나라 GDP를 넘어서는 수준이었다.

지금의 일본은 이 시기를 거품경제라고 말한다. 그때는 끝없이 오를 것으로 전망했던 주식과 부동산을 다시 보니 비정상적으로 높았다는 사실을 깨달았기 때문이다.

버블의 발단은 엔저 정책으로 거슬러 올라간다. 당시 일본은 저환율 정책을 통해 자국 화폐 가치를 낮췄고, 수출이 급속도로 늘기 시작했다. 하지만 1985년 플라자합의를 통해 엔화 가치가 오르게 되자 수출은 감소하고 경제성장이 더디게 된다.

일본 정부는 경기 부양을 위해 금리를 낮춘다. 하지만 경기를 부양하고자 했던 의도와 달리 자금이 주식과 부동산으로 유입되면서 시장이 출렁였다. 기업은 대출받은 자금으로 다시 주식과 부동산에 투자했고 돈이 돈을 떠받치는 상황에 이르렀다.

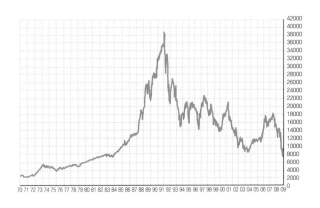

일본 니케이225 지수

상황을 우려한 일본 정부가 규제를 시행하면서 버블은 붕괴하기 시작한다. 1990년대 초 거의 4만 선으로 치솟던 니케이 주가는 같은 해 절반 수준으로 하락한다. 이후에도 하락은 계속됐다. 일본은 '잃어버린 10년'이라는 후유증을 겪어야만 했다.

가상화폐 버블

최근에는 가상화폐에서 버블의 조짐이 보이고 있다. 가상화폐에 대한 관점은 크게 두 가지로 나뉜다. 규제해야 한다는 관점과 육성해야 한다는 관점이다.

규제해야 한다는 측면에서는 가상화폐의 투기성을 경고한다. 가상화폐는 화폐의 기능을 수행하지 못하므로 신기루에 그칠 거라는 이유에서다. 반대로 육성해야 한다는 측면에서는 지난 닷컴버블과 같이 가상화폐에 유입된 자본으로 새로운 시장이 형성될 수 있다고 주장한다.

추후 가상화폐가 새로운 사업으로 급부상되고 여기에 투자한 이들이 투자 이상의 수익을 얻는다면 지금의 버블은 버블이 아니게 된다. 하지만 그렇지 못할 경우 투자자 중 일부는 손실을 감수해야 한다.

그렇다면 우리는 가상화폐 버블을 어떻게 바라보아야 할까? 이는 가상화폐뿐 아니라 모든 버블에 대한 질문이기도 하다.

아쉽게도 버블을 막을 방법은 없다. 가치가 오르는 것에 투자하는 건 지극히 합리적인 행동이기 때문이다. 다만 경기가 급격히 과열될 때에는 예방할 필요가 있다. 주식 시장의 '사이드카', '서킷브레이커'와 같은 규제 장치가 대표적이다. 부동산시장에서도 주택담보대출비율(LTV)을 높이거나 낮춤으로써 경기 과열을 예방하거나 속도를 조정하고 있다. 연착륙을 통해 경제를 서서히 안정화하는 것이 가장 중요하다.

긴장 속의 경제
2008 세계금융위기

2008년 당시 파산한 리먼 브라더스의 모습

2008 세계금융위기

2008년 미국 서브프라임 모기지 사태로 촉발된 전 세계적 금융위기를 가리킨다. 과거 대공황에 가까운 혼란을 가져왔으며, 이 사건으로 신자유주의는 크게 위축됐다.

서브프라임 모기지란?

서브프라임 모기지 사태를 이해하려면 먼저 당시 미국의 경제 상황을 살펴볼 필요가 있다. 2000년대 초반 미국의 경제 상황은 그리 밝지 않았다. 우선 IT버블의 여파가 채 가시지 않았고, 2001년 초유의 사건 9.11테러가 발생했기 때문이다. 미연방은행은 침체한 경제를 부양시킬 목적으로 전격적인 금리 인하를 단행하는데, 이는 부동산시장 대출 확대로 이어졌다.

부동산시장의 대출은 크게 3등급으로 나누어져 있었다. 이중 최고등급을 Prime, 그다음 등급을 Alternative A, 마지막으로 최하등급을 Subprime이라고 했는데, 등급이 낮을수록 신용도가 떨어지며 금리는 좀 더 높았다. 그렇다 보니 Subprime 등급은 금리에 민감할 수밖에 없었는데, 미국 금리가 낮아지는 추세였기에 이들에게는 보다 쉽게 대출을 받을 수 있는 길이 열린 셈이었다.

보통 모기지라고 말하는 건 Mortgage Loan을 뜻하는데, 은행이 부동산을 담보로 하는 대출이다. 부동산이 주택임을 비춰볼때 서브프라임 모기지란 '비우량 주택담보대출'이라고 해석할수 있다. 그렇다면 주택담보대출이 어떻게 전 세계적인 금융위기로 번져나갔을까? 그 원인은 금리, 그리고 주택 가격에 있다. 미국은 주택보급정책을 권장했고 주택은 한정되어 있는 반면 수요는 많다 보니 주택 가격이 오르기 시작한 것이다.

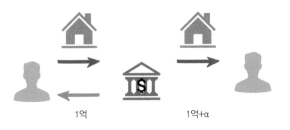

1억   1억+α

주택담보대출의 구조

위 경우를 살펴보자. 만약 은행이 당신에게 빌려준 1억 원을 받지 못한다면 주택을 저당 잡을 것이다. 핵심은 주택가격이 1억 원보다 높아진다는 데에 있다. 은행이 갖는 채무불이행에 대한 두려움은 사라졌다. 대출금리보다 주택가격 상승이 높은 상황이 지속되면서 부동산시장은 점차 과열되는 양상을 보였다.

적신호가 켜지다

초저금리 시대가 저물면서 대출금 상환에 적신호가 켜졌다. 금리가 높아지니 갚아야 할 돈이 더 많아지게 된 것이다. 당시 은행은 고객으로부터 저당 잡은 주택을 갖고 있지만은 않았다. 이를 담보로 또 다른 금융상품에 투자하고 있었는데, 그 과정이 너무나도 복잡해서 경제학자가 아닌 수학자가 분석해야 할 정도였다. 담보를 또다시 담보로 잡는 위험천만한 거래가 이뤄질 수 있는 이유는 단 하나였다. 바로 주택가격이 지속해서 상승하리라는 믿음 때문이다.

마침내 주택가격 상승이 멈추기 시작했다. 복잡한 금융상품의 구조를 몰라도 수익을 낼 수 있을 거라 믿었던 사람들은 더이상의 수익은 없다고 직감했다. 이제 이들을 기다리고 있는 것은 연이은 붕괴와 파산뿐이었다.

주택담보대출의 구조

주택가격이 하락한 경우를 생각해보자. 10억 원인 주택을 담보로 8억 원을 대출받았는데 주택가격이 하락하여 5억 원이 됐다. 하지만 어디까지나 8억 원을 대출받았으므로 이를 갚아야 한다. 방법은 두 가지다. 하나는 5억 원의 주택을 팔고 나머지 3억원을 갚는 방법, 나머지 하나는 디폴트, 즉 파산을 선언하는 것이다. 그러면 집을 잃게 되긴 하지만 8억 원을 갚을 채무도 사라진다. 하지만 결과적으로 은행 입장에서는 3억 원의 손실을 보게 된 것이다.

파장은 단순히 대출자와 은행의 관계에 그치지 않았다. 높은 수익률을 보장하던 금융상품들은 순식간에 부실 상품으로 전락했고 여기에 투자하던 여러 금융기관의 손실액은 눈덩이처럼 불어나기 시작했다.

금융기관의 파산, 세계로의 확대

마침내 폭탄은 터졌다. 미국 4대 투자은행이라 불리는 리먼 브라더스가 자금 압박을 이기지 못하고 파산을 신청했다. 부채 규모는 약 6,000억 달러에 이르렀다. 미국 역사상 최대 규모의 파산이었다.

리먼이 쓰러지자 미국은 물론이거니와 전 세계 금융시장은 얼어붙기 시작했다. 그 여파는 즉각적으로 나타났는데, 보험회사로 알려진 AIG가 흔들리기 시작한 것이다. 당시 AIG는 리먼의 금융상품을 다수 보유하고 있었기에 직격탄을 맞게 됐다. 세계 경제 대국인 미국조차도 AIG가 파산하면 경제 전체가 흔들릴 수 있다는 위기감을 느꼈는지, 긴급 구제금융을 실시했다.

하지만 불씨는 꺼지지 않았다. 미국에서 시작된 금융상품은 위험 분산이라는 미명 아래 이미 전 세계로 뻗어 나간 지 오래였다. 이제 사태는 유럽으로 번져갔다. 독일, 프랑스, 네덜란드

등 유럽 주요국 은행마저도 큰 손실을 입게 됐다. 그리스, 아일 랜드, 포르투갈, 스페인 등은 대규모의 구제금융을 받게 됐으며, 특히 금융업 비중이 높았던 아이슬란드는 파산 신청을 하기에 이른다.

우리나라는 비교적 잘 대응한 것으로 평가받고 있지만 충격 으로부터 완전히 벗어나지는 못했다. 주가지수가 큰 폭으로 하 락했으며 원·달러 환율도 급등세를 보였다. 무엇보다 IMF 외환 위기라는 아픈 상처가 지워지지 않아서였는지 불안 심리가 가 중되어 경제 전체적으로 혼란스러운 시기였다.

세계금융위기의 원인

주택담보대출로 시작한 금융기관의 파산이 미국 전역으로, 그 리고 전 세계로 번져가기까지는 여러 요인이 복합적으로 작용 했다. 그렇기에 그 과정별로 나눠서 해석할 필요가 있다.

첫 번째로는 미국의 금리정책을 들 수 있다. 저금리 기조를 장기간 유지함으로써 대출을 부추겼다는 평가다. 우리나라 경 제에도 비춰볼 수 있는데, 2011년 이후 최저금리를 유지해오던 한국은행은 2017년 말에 이르러 기준금리를 올렸다. 경기가 회 복될 거라는 예상에서였다. 하지만 그동안 저금리 아래서 부풀 어 오른 가계부채 문제에 비춰보면 금리 인상이 너무 늦은 게 아니냐는 비판의 목소리도 있다. 미국도 마찬가지다. 금리 조절의 시기나 폭을 조절하는 데 실패해 문제를 키웠다고 보는 시각이 있다.

두 번째는 복잡한 금융상품, 바로 파생상품에 대한 규제 및 관리 부실이다. 파생상품이란 대상 자산의 가치가 변동할 때 발생하는 위험을 회피하기 위한 목적으로 만들어진 상품이다. 불확실성을 줄인다는 목적으로 사용되고 있지만, 문제는 그에 따르는 관리가 제대로 이뤄지지 않았다는 점에 있다. 만약 관련 규제가 좀 더 강했더라면 사태가 이 지경에 이르지 않았을지도 모른다.

세 번째는 금융시장의 연쇄성이다. 금융을 가리켜 경제의 혈액이라고 할 정도로 유동성이 중요하다. 하지만 때로는 상품 거래를 위한 유동성이 아닌 금융 그 자체의 유동성을 상품화하는 경우도 있다. 실물 부문의 성장이 없음에도 말이다. 하나의 금융상품을 기초로 다른 상품을 만들고, 또 그 상품을 기초로 또 다른 상품을 만들다가 결국엔 하나가 무너지면 도미노 쓰러지듯이 연속적으로 붕괴하는 구조를 가질 수밖에 없다.

2008년 세계금융위기는 실물 분야의 성장 없이 금융만이 팽창할 경우 가져오는 결과가 어떠한지를 명백히 보여주는 사례로 기억되고 있다.

당분간 규제기조는 계속될 것으로 보이지만 규제와 완화를 반복했듯이 언젠가는 자유로운 거래를 중시할 날이 다시 올지도 모른다. 이때 이르러 우리는 지난 금융위기를 더더욱 기억해야 할 것이다.

경제를 주제로 책을 쓰다

지난해 9월, 경제를 주제로 책을 써보는 게 어떻겠냐는 출판사의 제안을 받았다. 흔쾌히 수락했지만, 확신이 없었다. 지금도 서점에 가보면 주식이나 부동산, 재테크에 관련된 책이 넘쳐나는데 따분한 경제이론을 담은 책을 사람들이 과연 볼 것인가 하는 의구심에서였다.

크게 욕심내지 않았다. 경제의 기초를 담은 책, 누구나 쉽게 읽고 이해할 수 있는 책을 쓰는 것에 목적을 뒀다. 화려한 미사여구로 포장하지 않았고 사람들이 좋아할 만한 키워드에 주목하지 않았다. 경제란 무엇이며 경제는 어떻게 움직이고 성장해나가는지 차분히 설명해나갔다. 글을 써나가면서 "이렇게 쉬운 경제 이야기라면 사람들이 읽을 수 있겠구나." 하는 확신이 섰고, 자신감이 생겼다.

경제에서 말하는 경제란 '한 사회의 자원을 관리하는 일'을 뜻한다. 맞는 말이지만 너무 어렵다. 경제라는 말이 쉽게 들려야 경제의 내용도 알 수 있다. 그래서 나는 경제를 '우리의 일상 그 자체'라고 설명했다. 경제는 일상 그 자체이니 굳이 해석하고 뜻을 풀이하기보다 그냥 받아들이자는 것이다.

수요와 공급은 경제 원리를 설명하는 가장 대표적인 경제이론이다. 거래 주체인 소비자와 생산자가 어떤 목적으로 경제활동에 참여하는지, 이들의 거래가 성사될 수 있는지를 아는 것은 대단히 중요하다. 경제를 움직이는 보이지 않는 손의 원리는 수요와 공급 속에 담겨 있다. 우리가 경제를 배울 때 수요와 공급을 가장 먼저 접하는 것도 이와 같은 이유에서다.

나는 이 책을 크게 2장으로 구분했다. 1장의 미시경제와 2장의 거시경제가 여기에 해당한다. 경제가 마치 칼로 무 자르듯 미시경제와 거시경제로 나뉘는 건 아니지만 개별 경제를 나타내는 미시경제와 국가 경제를 나타내는 거시경제를 구분 짓는 가장 큰 기준(외부의 개입, 정부)이 무엇인지를 알아야 경제를 제대로 바라볼 수 있기 때문이다.

출판사에서는 책의 방향을 잡아주었다. 3장의 일상 속 경제 이야기, 4장의 역사 속 경제 이야기를 통해 자칫 지루해질 수 있는 경제이론이 실제 경제에서 어떻게 나타나고 적용되는지 살펴볼 수 있게끔 했다. 나 또한 처음 대학에 입학했을 때 두꺼운 경제학 전공서를 보던 기억을 떠올리면서, 경제를 처음 접하는 이들이 가질법한 궁금증과 어려움을 풀어주는 데 주목하여 글을 썼다.

실제 경제를 바라볼 때

경제를 공부할 때 가장 중요한 점은 경제의 기본원리를 이해해야 한다는 데 있다. 당신이 아무리 경제를 이해하는 탁월한 식견을 갖췄다고 하더라도 지금의 복잡화된 경제를 이론 없이 분석하기란 대단히 어렵다. 이 책에서는 경제의 기본원리를 누구나 쉽게 이해할 수 있게끔 작성했다.

경제의 기본원리를 알았다면 그다음으로는 실제 경제를 해석할 차례다. 경제에는 다양한 정책들이 있다. 그중에는 성공적인 사례로 평가받는 정책도 있고, 실패한 사례로 평가받는 정책도 있다. 이 정책들은 어떤 이론에 기반에 됐으며 그 효과는 어떠했는지, 성공과 실패로 평가받는 이유는 무엇인지 생각해야 한다.

케인즈정책을 떠올려보자. 대공황 발생 후 뉴딜 때는 정부 개입이 성공적이었지만 석유파동 이후 스태그플레이션이 발생하자 정부 개입은 역효과만 가져왔다. 성공적인 사례라고 해서 반드시 옳은 것이 아니고, 실패한 사례라고 해서 틀린 게 아니다. 단순히 경제이론을 외우는 것에 그치지 말고 동시에 경제 상황을 고려해야만 하는 이유다.

실제 경제의 해석, 그 첫 번째 단계는 경제 뉴스를 읽는 것이다. 어제의 경제, 오늘의 경제, 그리고 내일의 경제가 어떻게 흘러가는지 알아야 한다. 주의할 점은 경제 뉴스를 읽는 게 하루 이틀에 그쳐서는 안 된다는 점이다. 경제는 완성된 작품이 아니다. 언제나 움직이고 있다. 이미 시행된 과거의 경제정책이라도 그 영향은 소비 속에, 물가 속에, 금리 속에 가려져 있다.

2008 세계금융위기 당시 원인을 미국의 저금리 기조에서 찾았듯이, 영국의 대처리즘 정책이 시행되기까지 복지병이라는 과도한 정부 지출이 있었듯이 경제는 과거와 현재, 그리고 미래가 연결되어 있다. 전체를 읽어보면서 그 안에 담긴 의미와 영향을 파악해낼 수 있어야 한다.

두 번째 단계는 경제 칼럼을 읽는 것이다. 단순히 네이버나 다음과 같은 포털에서 제공하는 칼럼을 읽기보다 언론사 홈페이지 몇 곳을 즐겨찾기 해놓고 들어가 읽는 것이다. 살펴보면 매체 중에서도 보수적인 성향을 가진 매체와 진보적인 성향을 가진 매체가 있다. 이 둘은 같은 경제사건에도 서로 다른 관점의 논조를 보인다. 이를 읽어보면서 어느 쪽 말이 더 타당한지 스스로 생각해볼 수 있다.

세 번째 단계는 당신만의 생각을 직접 써보는 것이다. 글을 쓸 공간은 많다. 블로그도 있고 SNS도 있다. 경제에는 옳고 그른 게 없으니 자신 있게 쓰면 된다. 글을 쓰다 보면 자연스레 그 근거를 생각하게 되고, 스스로 타당한 주장을 하는 것인지 알 수 있다. 당신과 같은 생각을 가졌던 매체의 칼럼도 읽어보면서 글을 다듬어보자. 그러면 경제에 대해 당신만의 관점이 생길 것이다.

마지막 단계는 한 분야를 정하는 것이다. 환율이나 물가와 같은 경제변수라든지, 미국경제나 중국경제와 같은 특정 국가라든지, 코스피나 코스닥 같은 주식시장과 같이 한 분야를 정하자. 그리고 관련된 기사를 읽으면서 당신만의 생각을 글로 써보자. 자연스레 그 분야에 대한 전문성을 높일 수 있다. 실제 경제를 대상으로 한만큼 정치적 요인이나 사회적 맥락도 함께 살펴볼 수 있어 그 효과는 배가 될 것이다.

경제학의 10대 기본원리

마지막으로 이 책의 첫머리에서 소개했던 경제의 정석, 『맨큐의 경제학』을 다시 소개한다. 이 책에서는 '경제학의 10대 기본원리'라는 제목으로 다음과 같은 내용을 소개하고 있다.

1. 모든 선택에는 대가가 있다.

2. 선택의 대가는 그것을 얻기 위해 포기한 그 무엇이다.

3. 합리적 판단은 한계적으로 이루어진다.

4. 사람들은 경제적 유인에 반응한다.

5. 자유 거래는 모든 사람을 이롭게 한다.

6. 일반적으로 시장은 경제활동을 조직하는 좋은 수단이다.

7. 경우에 따라 정부가 시장성과를 개선할 수 있다.

8. 한 나라의 생활 수준은 그 나라의 생산능력에 달려있다.

9. 통화량이 지나치게 늘면 물가는 상승한다.

10. 단기적으로는 인플레이션과 실업 사이에 상충관계가 있다.

위 내용을 읽고 모두 이해할 수 있다면, 이제 실제 경제를 해석할 일만 남았다. 여러분의 경제 공부에 건투를 빈다.

딱 이만큼의 경제학

초판 1쇄 발행 2018년 4월 5일
초판 3쇄 발행 2020년 1월 14일

지은이 강준형
발행인 곽철식

편집진행 이소담 구주연
디자인 강수진
펴낸곳 다온북스
인쇄와 제본 영신사
출판등록 2011년 8월 18일 제311-2011-44호
주소 서울 마포구 토정로 222, 한국출판콘텐츠센터 313호
전화 02-332-4972 팩스 02-332-4872
이메일 daonb@naver.com

ISBN 979-11-85439-86-0 (03320)

ⓒ 2018, 강준형

이 도서의 국립중앙도서관 출판예정도서목록(CIP)은 서지정보유통지원시스템
홈페이지(http://seoji.nl.go.kr)와 국가자료공동목록시스템(http://www.nl.go.kr/kolisnet)에서
이용하실 수 있습니다.(CIP제어번호: CIP2018009060)

• 다온북스는 독자 여러분의 아이디어와 원고 투고를 기다리고 있습니다.
  책으로 만들고자 하는 기획이나 원고가 있다면, 언제든 다온북스의 문을 두드려 주세요.